LES NOUVEAUX MYSTÈRES DE MARSEILLE

DU MÊME AUTEUR

Vingt milliards sous l'OM, Plein Sud, 1995.

Ils voulaient la Côte, Plein Sud, 1996.

L'Affaire Yann Piat. Des assassins au cœur du pouvoir, coécrit avec André Rougeot, Flammarion, 1997.

Préface coécrite avec Jean-Loup Charrier, in *Affaire Dominici. Le dernier témoin*, Pierre Charrier, L'Écailler du Sud, 2003.

L'Affaire Yann Piat. Retour sur une manipulation, Privé, 2006.

Sous le rocher… exactement. La malédiction d'Albert, Privé, 2006.

Secret d'État. 11 septembre 1968, le crash de la caravelle Ajaccio-Nice, coécrit avec Max Clanet, Ramsay, 2008.

Main basse sur Marseille et… la Corse, Nouveau Monde, 2012.

Histoire secrète de la corruption sous la Ve République, ouvrage collectif, Nouveau Monde, 2014.

Au service secret de la République, coécrit avec Roger Auque, Fayard, 2015.

OM. Enquête sur le club qui rend fou, Solar, 2017.

Riviera Nostra. L'emprise des mafias italiennes sur la Côte d'Azur, Nouveau Monde, 2017.

Juges en Corse, ouvrage collectif, Robert Laffont, 2019.

Mon combat contre le crime. De l'affaire Grégory au crash de la Germanwings, coécrit avec le général d'armée David Galtier, Robert Laffont, 2020.

Résister en Corse, ouvrage collectif, Robert Laffont, 2021.

Jean-Michel Verne

LES NOUVEAUX MYSTÈRES DE MARSEILLE

Robert Laffont

ISBN 978-2-221-25682-4
Dépôt légal : mai 2022
Éditions Robert Laffont – 92, avenue de France 75013 Paris

À mes inspirateurs, Jacques Derogy
et Jean-Marie Pontaut.
À ma famille pour avoir supporté
ces années de braise.
À Marseille, ma ville, mon histoire…

« Si nous voulons que tout reste tel que c'est,
il faut que tout change. »

Giuseppe Tomasi di Lampedusa,
Le Guépard, Paris, Seuil, 1959.

Prologue

Il y a bien longtemps, sous la plume de deux pionniers du journalisme d'investigation en France, Jacques Derogy et Jean-Marie Pontaut, paraissait un livre sombre mais indispensable, *Enquête sur les mystères de Marseille*[1]. J'ai encore en mémoire de longues soirées passées au début des années 1990, dans la salle des pas perdus de la cour d'appel d'Aix-en-Provence, à attendre le résultat d'interminables audiences devant la chambre d'accusation (c'était la terminologie à l'époque) consacrée à la « guerre des cliniques », moment fort de l'histoire criminelle locale. Et je revois Jacques Derogy, faisant les cent pas dans le couloir. Nos regards s'étaient croisés. Il semblait tendu, concentré sur ce dossier dont il avait compris tous les enjeux.

Chez mes confrères, il était question dans leurs écrits d'événements marquants, comme l'assassinat du juge Michel en octobre 1981, la tuerie d'Auriol et les horreurs du SAC, le suicide de René Lucet, l'affaire des fausses factures… Autant d'affaires qui ont donné à Marseille une dimension nationale, non pas par le talent

1. Paris, Robert Laffont, 1984.

de ses chercheurs en médecine, de ses écrivains ou de ses sportifs, mais par le plus mauvais côté du Vieux-Port, son appétence au crime. En feuilletant et refeuilletant le travail de ces excellents journalistes, m'est naturellement venue l'idée de ce titre, qui se propose tout à la fois d'actualiser leur travail passionnant et de poursuivre la démarche d'investigation dans l'une des villes de France où la violence est quotidienne.

Marseille a la passion de la mort, une passion qui lui colle à la peau, comme j'ai pu le constater dès mon entrée en journalisme en 1986. J'ai encore le souvenir du cadavre d'un certain Joseph Amsellem, replié comme un pantin sur le tableau de bord d'une Mercedes appartenant à un célèbre syndic de faillite de la ville. C'était un soir, sur le boulevard Garibaldi, à quelques mètres de La Canebière. Certains jours, plusieurs corps, eux aussi criblés de balles, jonchaient le bitume dans la grande et éternelle guerre du milieu. Et j'étais souvent là, à sentir la mort. Marseille, la plus vieille ville de France. Fondée par les Grecs 2600 ans avant J.-C., la cité était dès l'Antiquité le théâtre d'âpres combats. Les chroniqueurs évoquent son siège par César en l'an 49 avant J.-C. Rebelle, criminelle, fantasmée, Marseille a un temps été «la ville sans nom» en 1794 – Paris en avait décidé ainsi, tant les Marseillais et leur esprit belliqueux préoccupaient les révolutionnaires.

Plusieurs siècles plus tard, la ville continue d'inquiéter. Pendant que la misère grignote les quartiers nord, se développe, entre la gare Saint-Charles et le littoral ouest, le plus grand plan de rénovation urbaine en Europe, Euromed. Un beau rêve qui doit créer des dizaines de milliers d'emplois, dit-on, accueillir des centaines de milliers de mètres carrés de commerces et des milliers de logements, mais ces derniers sont pour beaucoup toujours inoccupés et, surtout, l'insécurité ne cesse de miner ce quartier champignon[1]. Marseille n'en est pas à un paradoxe près. Cette violence peut toucher, au bas de l'échelle, le petit dealer de la cité de La Viste ou, tout en haut, l'élu criblé de balles, ou encore le notable du port autonome qui disparaît subitement. Marseille a par moments cette faculté à puer la mort et à rejeter ses fameux *cadaveri eccellenti*[2] chers au cinéaste Francesco Rosi.

Durant mes trente-cinq années de journalisme à Marseille, j'ai décidé de ne pas tourner la tête, de ne pas regarder ailleurs. J'ai fixé les élus dans les yeux, observé les voyous, fouillé les dossiers sensibles, consulté policiers, gendarmes, avocats ou magistrats pour pointer les failles. Des documents et témoignages exclusifs qui alimentent ce livre. J'ai tenu, dans cette enquête, à démonter les porosités qui minent les fondations de la cité, ces connexions sordides entre crime organisé, politique et vie économique. Cet ouvrage est une chronique des années de braise, que j'ai traversées les pieds dans la boue et la plume levée. Je raccroche passé et présent, en reprenant les affaires emblématiques qui ont marqué ces quarante dernières années, tout en abordant une période plus récente, au cœur des magouilles politiques, des quartiers nord et de l'enfer de la drogue.

1. À ce sujet, l'émission de M6 *Zone interdite* du 20 février 2022 consacrée à l'autodéfense dresse un portrait glaçant de ce nouveau quartier.
2. Cadavres exquis.

1

Trahisons

Septembre 2021. C'est une séquence forte pour Marseille, Emmanuel Macron débarque dans la cité phocéenne pour présenter son plan « Marseille en grand ». Les invités se serrent dans le célèbre palais du Pharo, lieu emblématique que Napoléon III a bâti pour l'impératrice Eugénie qui ne l'a jamais vraiment occupé. Elle en est demeurée propriétaire bien après la chute du Second Empire, pour finalement en faire don à la ville. De ses immenses fenêtres on dispose d'une vue imprenable sur l'entrée du Vieux-Port, le nord et l'ouest de la métropole. Désormais prince des lieux, le président de la République se voit remettre les clés de la ville face à des édiles frileux venus prêter allégeance. On parle alors à mots couverts de mise sous tutelle déguisée, comme d'une sorte de fessée flanquée aux années Gaudin. Jean-Claude Gaudin, le prof d'histoire-géographie devenu l'homme fort de Marseille qui géra celle-ci durant quatre mandats. C'est l'heure des comptes, car, cette fois-ci, le politicien rusé qu'a été JCG doit justifier un bien piètre bilan économique.

Après un été sanglant dans les quartiers nord qui a, de nouveau, placé la ville sous de cruels feux médiatiques,

Emmanuel Macron présente son plan destiné à combler le retard dans le développement et à dessiner les grandes orientations de ce Marseille du futur. Tout cela sonne comme un camouflet aux oreilles de la classe politique locale qui, à droite comme à gauche, n'aurait d'autres soucis que capter les subventions pour s'attacher les fidélités de sa clientèle politique avec la bénédiction de « Jean-Claude ». Marseille est en effet l'une des villes les plus endettées de France, à hauteur de 1,54 milliard d'euros, ce qui lui ôte toute capacité d'investissement[1]. L'heure est d'autant plus grave qu'elle doit faire face au « mur de la dette », qui correspond au pic de remboursement d'un emprunt[2]. Dans ce contexte, seul l'État est en mesure de sauver la situation. Mais il exige des gages. Marseille la rebelle redevient soumise et otage de Paris.

Face à Emmanuel Macron, le tout nouvel édile PS, Benoît Payan, écoute sagement le discours du président. Il semble apprécier, d'autant qu'à son arrivée aux manettes quatre mois plus tôt lui-même a lancé un audit assez accablant sur la gestion de son prédécesseur[3]. Quant à la présidente LR[4] de la métropole, Martine Vassal, elle digère fort mal sa défaite aux municipales. Son visage blanchit au fur et à mesure que le président s'exprime.

1. Le budget est de 1,56 milliard, ce qui donne une capacité d'auto-investissement de… 15 euros par habitant (voir Nathalie Deumier, « 1,5 milliard : la dette abyssale de la ville de Marseille », France 3 région.fr, 1er avril 2021).

2. Après avoir remboursé 175 millions par an entre 2014 et 2020, la ville doit encore payer 200 millions entre 2021 et 2024 (*ibid.*).

3. Le nouveau maire a fait appel au cabinet parisien Deloitte pour auditer les comptes.

4. Les Républicains.

L'étiquette d'héritière de Jean-Claude Gaudin qui lui colle à la peau est décidément bien lourde à porter. Elle l'a placée dans une position fort inconfortable durant les élections, l'empêchant à la fois de tourner le dos à l'ancien maire et de s'en revendiquer totalement : dès lors a commencé à pointer la défaite. Si Martine Vassal conserve le pouvoir comme présidente de la métropole, la riche Aix-en-Provence et sa maire le contestent : Maryse Joissains a profité de cette défaite pour réclamer le leadership dans les délégations et les pouvoirs. Éclaboussée par les affaires et touchée par une peine d'inéligibilité, Joissains a depuis passé la main à sa fille Sophie, tout aussi ferme que sa mère[1]. Les Aixois ne veulent pas payer pour les Marseillais. Et ils le font savoir bruyamment. En novembre 2021, Sophie Joissains démissionne de son poste de vice-présidente de la métropole. L'élue est en conflit ouvert avec Martine Vassal au sujet du système des attributions de compensations (aides aux communes) qu'Emmanuel Macron entendait réformer à l'issue de sa visite à Marseille en septembre[2].

La présidente de la métropole est une ancienne chef d'entreprise, héritière de la PME de son père, Élie Gilles, lequel a lui-même été l'un des grands soutiens de Jean-Claude Gaudin. L'entreprise familiale, spécialisée dans la confection d'uniformes militaires, périclite

1. « Maryse Joissains démissionne après une condamnation pour prise illégale d'intérêts », *Le Monde*/AFP, 2 septembre 2021.

2. Mathilde Ceilles, « Aix-en-Provence : la maire Sophie Joissains démissionne de la métropole et charge Martine Vassal », 20 minutes.fr, 19 novembre 2021.

pourtant au début des années 2000, notamment en raison de la suppression du service militaire. Que faire de Martine ? Jean-Claude Gaudin, qui a de la mémoire, ouvre une nouvelle carrière à la fille de son ami, celle de la politique. La jeune femme s'y engouffre. Le bébé Gaudin nage très bien (au sens propre : c'est une nageuse émérite) ; la voilà adjointe au maire dès 2001, puis conseillère générale, puis vice-présidente du conseil départemental et présidente après le fracassant départ du PS de Jean-Noël Guérini, accablé par les affaires. Quand son mentor Jean-Claude Gaudin passe la main, annonçant qu'il ne se présentera pas pour un cinquième mandat, elle se place en successeur naturel, ce qui est loin de faire l'unanimité au sein des Républicains locaux.

Mais en cet après-midi de septembre 2021, au palais du Pharo, il n'est plus question de ressasser la légitimité des uns et des autres à la suite de Gaudin. C'est bien de la situation périlleuse de Marseille qu'il est question. Malgré la vitrine, le Mucem[1], le Vieux-Port, le tourisme et le mirage des croisières, la cité apparaît comme une vieille ville à la dérive, minée par une pauvreté endémique qu'aggrave la fracture sociale entre le Nord et le Sud. Et Paris entend désormais combler le fossé socio-économique en allongeant 1,5 milliard d'euros pour les secteurs de la santé, des transports, de l'éducation. « On va s'en sortir », déclarait quelques jours auparavant Emmanuel Macron dans une interview au quotidien *La Provence*, signe évident qu'il entend prendre en main

1. Musée des civilisations de l'Europe et de la Méditerranée.

la destinée de la ville. Car le « on », en fait, c'est lui[1]. Fini les chèques en blanc à Gaudin et à ses ouailles, il s'agit désormais de fixer les orientations et de développer les capacités de la ville qu'il juge pleine d'espoirs : « Les choses changent, c'est pour cela que je veux développer la ville, la métropole, le département. Parce qu'il va y avoir, j'en suis sûr, un mouvement. Je vois de plus en plus d'entrepreneurs, de jeunes artistes qui veulent venir ici pour cette qualité de vie et pour cette âme. Elle va se développer[2]. » Encore une fois, le président fait appel au lyrisme pour mettre de la vitalité là où il n'y en a plus beaucoup.

Cette reprise en main de la ville n'est pas une première. En 1938, l'incendie des Nouvelles Galeries[3] et l'incurie des secours ont poussé l'État, sous la pression du président du Conseil Édouard Daladier présent à Marseille ce jour-là, à placer la ville sous tutelle préfectorale, statut qu'elle a conservé jusqu'à l'élection d'un nouveau maire en 1946. Certes, aujourd'hui, l'État met les formes. Le mot « tutelle » n'est pas prononcé : on ne brusque pas, on arrondit les angles. Officiellement, le pouvoir de Vassal et de Payan n'est pas remis en cause. Mais qu'est-ce que le pouvoir sans argent ? Tous deux ne sont en fait que des édiles sous contrôle. L'État décide désormais des orientations et de l'usage des deniers publics afin qu'ils ne se perdent plus vers on ne

1. Florent Provansal et François Tonneau, « Macron : On va s'en sortir », *La Provence*, 4 septembre 2021.

2. *Ibid.*

3. L'incendie des Nouvelles Galeries provoque la mort de 73 personnes le 28 octobre 1938. Les problèmes de coordination de secours conduisent à la dissolution du corps de sapeurs-pompiers de la ville, la destitution du maire Henri Tasso et la mise sous tutelle de la ville jusqu'en 1944.

sait quelle funeste destination. L'exemple le plus criant est sans nul doute l'état de délabrement de 172 écoles que la ville a clairement délaissées, comme le déplore Emmanuel Macron lors de sa visite. Trois mois plus tard, l'État annonce financer à hauteur de 400 millions un plan de rénovation global de 1,2 milliard d'euros. Une structure mixte État-commune est spécifiquement créée pour gérer et contrôler les investissements[1].

Benoît Payan a cependant un problème : il est un maire sans réelle légitimité car les événements de décembre 2020 semblaient davantage relever d'une mise en scène politique que du fonctionnement normal de la démocratie. L'écologiste Michèle Rubirola, élue en juin 2020 sous la bannière du Printemps marseillais, qui fédérait les forces de gauche, des communistes aux Insoumis en passant par le PS, lui a en effet solennellement cédé son écharpe de maire après seulement six mois d'exercice. Officiellement, dit-elle, pour des raisons de santé. Tout y était, l'accolade, l'embrassade, les larmes de Rubirola, les applaudissements. Et Benoît Payan a pris l'écharpe des mains toutes tremblantes de son « amie » Michèle pour la glisser autour de son cou. Chef de file d'un parti socialiste, qui ne représentait dans les faits plus grand-chose en termes de suffrages, Benoît Payan a donc vécu le casse du siècle. Pour peaufiner ce qui peut apparaître pour certains comme une imposture, la très sympathique Michèle Rubirola a ensuite occupé le poste de premier adjoint après un étonnant jeu de chaises musicales qui a soulevé

1. Narjasse Kerboua, « La ville lance sa structure pour piloter le plan de rénovation des écoles marseillaises », Made in Marseille.net, 16 décembre 2021.

bien des critiques. Comment, en tant que maire défaillante pour raisons de santé, pouvait-elle occuper un poste à haute responsabilité comme celui de premier adjoint ? Se moquerait-on des électeurs ? Questions légitimes…

D'ailleurs, le 2 décembre 2020, le doyen du conseil municipal, le LR Guy Teissier, en présidant la séance d'adoubement de Payan, ne s'est pas montré tendre : « Vos électeurs pourront-ils comprendre qu'après avoir voté pour une femme écologiste ils pourront se retrouver avec un maire homme et socialiste ? J'y vois comme une forme de déni de la démocratie[1]. » À droite, seul Jean-Claude Gaudin semblait se satisfaire de cette mascarade politique en rendant hommage aux qualités de Benoît Payan qui fut durant des années le chef de file de la contestation au sein du conseil municipal : « Je suis convaincu qu'il a l'ambition d'œuvrer pour un développement qui fera de Marseille une ville euroméditerranéenne[2]. » On s'est beaucoup étonné de cette sympathie pour Payan. À se demander si Gaudin était totalement étranger à ce petit coup d'État, preuve qu'à Marseille les passerelles politiques peuvent devenir de vrais ponts. On a même parlé de rencontres régulières au Pharo, pour débattre de la ville, disait-on…

Le pas de deux réussi par Benoît Payan était en réalité le fruit tout à la fois d'une stratégie mûrement réfléchie et d'une conjonction d'événements favorables, à commencer par le drame de la rue d'Aubagne qui a agi comme formidable catalyseur du mécontentement citoyen…

1. Isabelle Lassalle, France Bleu Provence.fr, 21 décembre 2020.
2. *Ibid.*

Main basse sur la ville

Ce matin du 5 novembre 2018 est désormais inscrit en lettres noires dans le grand livre de l'histoire de Marseille, au même titre que la peste de 1720, l'incendie des Nouvelles Galeries ou le bombardement de la cité par les Américains en 1944. Certes, ici, l'ampleur de la tragédie est plus limitée, mais, dans les faits, elle imprime dans la mémoire collective quelque chose qui scelle sinistrement les années Gaudin. Marseille montre à la France entière combien, durant ces vingt-cinq années de règne sans partage, cette ville a été mal gérée, ou plutôt gérée au profit de quelques-uns et au détriment de beaucoup d'autres.

En attendant de pénétrer plus avant dans les arcanes du clientélisme marseillais né il y a bien longtemps, il faut revenir sur ce matin blême qui vit deux immeubles s'effondrer comme un château de cartes aux 63 et 65 de la rue d'Aubagne, l'une des artères historiques reliant le cours Julien à La Canebière et au marché des Capucins. Ces bâtiments ne sont pas situés très loin du fameux pont Eiffel du cours Lieutaud, où fut tournée l'une des scènes du célèbre film *Borsalino*. Nous sommes dans le cœur historique de Marseille. Une forme de mixité sociale s'est installée sous les odeurs fortes des magasins d'épices et de produits orientaux. Un Marseille pauvre au cœur d'un centre-ville délaissé où se comptent par centaines des immeubles vétustes et dangereux dans lesquels une population des plus diverses survit tant bien que mal.

Au terme de plusieurs jours de fouilles au péril de la sécurité des sauveteurs, sont extirpés huit corps des décombres du numéro 65, témoignage de ce singulier melting-pot : Taher Hefi, Tunisien ; Marie Blanc, Savoyarde ; Fabien Lavieille, Toulonnais ; Simona Carpignano, Italienne ; Julien Lalonde-Florès, de Villiers-le-Bel ; Pape Magatte Niasse, Sénégalais ; Mohamed Chérif Zemar, Algérien ; Ouloume Saïd Hassani, Comorien. Beaucoup d'entre eux vivaient en situation précaire dans un immeuble qui l'était tout autant. Quant à l'édifice du 63 rue d'Aubagne voisin, il était depuis plusieurs années vide de tout occupant. Propriété d'une société d'économie mixte (SEM), Marseille-Habitat[1], il était en attente de réhabilitation.

Si le 65, immeuble géré en copropriété, n'aurait jamais dû être occupé compte tenu des nombreux problèmes de structure relevés sur place, les deux édifices mitoyens du 63 et du 67 sont tout aussi délabrés. Comme dans un jeu de cartes qui s'affaisse, il est aujourd'hui acquis que le 67 a poussé le 65 sur le 63, phénomène amplifié par la pente de la rue[2]. Les fortes pluies de ce début novembre ont également fragilisé les sols. Brice Grazzini défend les intérêts de trois familles de victimes. Ce jeune avocat cherche à comprendre. Il insiste sur l'état de délabrement de ces bâtiments du XVIIIe siècle, transformés, en l'espace de quelques secondes, en un magma de poussière, de parpaings, de briques éclatées et de corps écrasés. On a retiré des décombres un pied et un morceau de bras sectionné…

1. Marseille-Habitat est le bailleur social au service de la ville qui gère 3 500 logements.

2. Rapport Mazaud-Lepinay, 17 juin 2020.

Groggy, Marseille est sous le choc, et particulièrement le 1er arrondissement qui paye un lourd tribut à la catastrophe. Des habitants de toute la ville se rendent sur place en signe de solidarité. Ce 5 novembre 2018, la ville a mal. Elle veut comprendre.

***

Mais la tragédie n'est que le premier chapitre de ces heures de désolation. Plusieurs immeubles délabrés limitrophes du 65 rue d'Aubagne, voire beaucoup plus éloignés, sont évacués. Des centaines de logements insalubres disséminés dans la ville sont successivement vidés de leurs occupants, provisoirement relogés dans des hôtels en une terrible course contre la montre. Les autorités ne veulent surtout pas d'un nouveau drame. Au total, 2 000 personnes quittent leur domicile dans les mois qui suivent, pour un avenir incertain. « On ne peut donner une seule cause à cet effondrement. Le quartier lui-même est mis en cause, un quartier de seconde zone au cœur de la deuxième ville de France, déplore Brice Grazzini, qui pointe du doigt la mauvaise gestion de la catastrophe : Des gens ont été expulsés de leurs logements par mesure de sécurité. La municipalité s'est engagée à les reloger, ce qui n'a pas été fait. Plus grave encore, la mairie n'a pas protégé les appartements laissés vacants par leurs occupants, ils ont été cambriolés. Pour certains, ils ont tout perdu. Ils n'ont plus rien[1]. »

1. Entretien avec l'auteur, 13 janvier 2021.

Ces flottements, qui sont autant de signes d'une forme d'anarchie dans la gouvernance de la ville, génèrent des conflits au sein même de la municipalité, à tel point qu'en janvier 2020 l'adjointe au logement, Arlette Fructus – qui doit veiller au relogement des personnes évacuées –, rend son tablier. Elle ne cache pas son dépit : « Pour moi, la coupe est pleine. Depuis des mois, je m'engage à corps perdu pour trouver des solutions. J'ai élaboré une charte du relogement [...]. J'ai alerté sur la situation mais je ne suis pas entendue[1]. » Alors les pauvres trinquent, continuent d'errer de chambre d'hôtel en chambre d'hôtel. C'est le scandale dans le scandale de la rue d'Aubagne.

Après l'analyse des causes, la grande question demeure : qui est responsable de cette tragédie ? Selon Brice Grazzini, ils sont plusieurs. L'avocat estime que l'on ne peut traiter tous les services de la ville sur le même plan : « Certains employés et seulement certains n'ont pas fait leur travail, notamment celui qui consistait à venir sur place pour contrôler l'état de l'immeuble au lieu de rester assis derrière son ordinateur. » Trois magistrats sont désignés pour instruire cette affaire, qui donne lieu à l'ouverture d'une information, notamment pour « homicide involontaire par violation manifestement délibérée d'une obligation de sécurité ou de prudence ». À ce jour (mars 2022), trois personnes sont mises en examen dont l'un des adjoints, Julien Ruas, chargé de la prévention des risques urbains[2]. Pèsent sur

1. Jean Psoustis et Ghislaine Millet, « Arlette Fructus rend sa délégation au logement », France 3 région.fr, 6 janvier 2020.

2. Ce dernier a contesté judiciairement cette mesure, estimant notamment que les charges à son encontre ne seraient pas établies. Le 17 mars 2022,

cet élu les charges les plus lourdes, car, juridiquement, la personne même du maire ne peut être mise en cause, l'infraction étant en relation avec un service de délégation de service public. Traduction : Jean-Claude Gaudin a délégué son pouvoir à une tierce personne qui porte seule la responsabilité de cette tragédie. Le maire est donc entendu en qualité de simple témoin. Pour l'essentiel, dans ses déclarations, Jean-Claude Gaudin s'octroie un rôle minime, se défaussant sur ses adjoints soupçonnés d'avoir failli dans leur mission[1]. Si l'on résume la situation, il n'a pas été mis au courant du danger imminent, notamment d'un courrier adressé au directeur général de l'administration[2].

Comment, dès lors, déterminer les causes précises de cet effondrement et le périmètre des responsabilités ? Deux experts parisiens, Fabrice Mazaud et Henri de Lepinay, s'attellent à la tâche. Et ce qu'ils révèlent dans un rapport rendu en juin 2020 est assez terrifiant[3]. On apprend que le 65 rue d'Aubagne est sur la sellette depuis début 2000, ce qui a donné lieu à neuf expertises judiciaires et aux interventions sur site successives et controversées de six experts. Les auteurs du rapport évoquent des approximations, voire des contradictions dans les conclusions des experts, qui ne sont pas étrangères à

---

la chambre de l'instruction de la cour d'appel d'Aix-en-Provence confirme cette mise en examen. (Louise Beliaeff, « Drame de la rue d'Aubagne : la mise en examen de Julien Ruas confirmée à Marseille », France 3 Paca, 17 mars 2022.)

1. Benoît Gilles, « Rue d'Aubagne : ce que Jean-Claude Gaudin a dit aux juges », Mars actu.fr, 24 janvier 2022.

2. *Ibid.*

3. Rapport Mazaud-Lepinay, cité.

cette tragédie. « Des éléments déterminants n'ont pas été relevés ou n'ont pas été appréciés à leur juste mesure dans la chronologie des événements[1] », peut-on lire. Il est question de « manquements graves ». Le rapport de plus de 400 pages dénonce par ailleurs l'absence de réaction de la commune après un premier signalement le 19 décembre 2014, et un second le 20 octobre 2017. Les photos qui figurent à l'appui de ce document sont assez accablantes. Le 65 était un immeuble « pourri » de la cave au toit, en passant par les escaliers et les parties communes. On relevait des rafistolages grossiers, des étaiements bricolés, sortes de pansements sur jambe de bois. Les professionnels intervenus sur place pour effectuer ces travaux sont mis en cause. Des planchers s'effondraient, des fissures apparaissaient de tous bords, y compris sur la façade. Parfois, de lourds blocs de pierre tombaient dans la rue. Une journaliste qui vit à proximité a pris des photos quelques semaines avant le drame, les a transmises à Sabine Bernasconi, la maire du secteur, qui, elle-même, aurait alerté la mairie centrale[2]... Les occupants s'inquiétaient à juste titre. Le malheur a voulu que certains aient vécu sur place.

Comme dans un film catastrophe, la situation se dégrade dans les semaines qui précèdent l'effondrement, à tel point qu'un signalement adressé aux services communaux conduit au lancement, le 18 octobre, soit trois semaines avant le drame, d'une procédure de péril imminent. Un expert architecte à Marseille, Richard

1. *Ibid.*
2. *Ibid.*

Carta, intervient dans les lieux. Il affirmera plus tard à la justice avoir donné verbalement des instructions pour faire évacuer l'immeuble[1]. Un arrêté de péril est bien ordonné le 19, mais, pour des raisons qui demeurent obscures, les occupants ont été réintégrés dès le 18. Christophe Suarez, l'architecte en chef du service de la prévention et de la gestion des risques, se rend sur place ce jour-là. Déclarant d'abord avoir constaté « une déformation importante de la cloison de la cage d'escalier » ainsi que des dégâts dans le local commercial du rez-de-chaussée, l'homme évoque lui aussi des instructions verbales, mais qui contredisent les propos de l'expert : « Après expertise, les occupants ont reçu l'autorisation de réintégrer[2]. » En fait, il apparaît que dans ses conclusions écrites l'expert commis sur place n'aurait ordonné l'évacuation que d'un occupant du premier étage, seul visé par l'arrêté de péril. Le rapport Mazaud-Lepinay pointe en outre une défaillance quant aux travaux ordonnés le 18 sous sa direction. Ils auraient en fait aggravé la situation. Le 65 n'est pas le seul bâtiment en cause. Le rapport épingle Marseille-Habitat qui n'a pas pris les précautions nécessaires pour assurer la sécurité du 63. Il relève que cette SEM a procédé à l'intérieur de l'immeuble à des travaux de démolition qui ont provoqué la stagnation et le ruissellement d'eaux de pluie durant dix-sept mois, d'où une fragilisation de l'édifice. Il s'agirait, là aussi, d'un « manquement grave ».

---

1. *Ibid.*
2. *Ibid.*, cote D 1443.

Et ce qui devait arriver arriva. Des craquements réveillent la nuit les occupants, des fissures qui s'étalent et s'écartent sur les murs des appartements dans les heures qui précèdent l'effondrement. Certains locataires, pris de panique, se retrouvent coincés dans leur appartement. Les chambranles ont bougé, les portes d'entrée résistent… Le compagnon d'une propriétaire intervient avec sa scie sauteuse pour délivrer des occupants. Plusieurs d'entre eux alertent par mail leur propriétaire et le syndic de l'immeuble. Mais personne ne bouge. Une occupante évoque, dans la nuit du 4 au 5 novembre, « des murs qui craquent et des bruits de briques qui se brisent… ». À la lecture du rapport, il apparaît clairement que le drame aurait pu être évité si des travaux d'envergure avaient été ordonnés à temps sur les trois immeubles.

L'affaire glisse peu à peu sur le terrain politique avec l'apparition du Collectif du 5 novembre qui regroupe des habitants du quartier, mais pas seulement. Selon Brice Grazzini qui a pris ses distances avec ce groupe de militants qu'il juge bien trop politisé, il serait guidé en sous-main par les Insoumis. Le mouvement de Jean-Luc Mélenchon a pris ancrage dans ce secteur depuis sa surprenante victoire aux législatives de 2017. Et il entend visiblement pointer du doigt cette affaire deux ans plus tard, au moment des élections municipales. Selon Brice Grazzini, ce collectif aurait établi des listings qui pourraient être utilisés pour un démarchage électoral. La construction du Printemps marseillais a débuté au 65 rue d'Aubagne.

On mesure l'impact politique de l'affaire au travers d'événements comme la visite de Samia Ghali.

Issue d'une famille algérienne et devenue sénatrice, Samia est le chouchou des médias. Elle est pourtant fort mal accueillie lors de l'hommage aux victimes rendu un an après le drame. Les huées de la foule, les « casse-toi » qui résonnent dans la rue d'Aubagne montrent toute la défiance de la population de ces quartiers pour la classe politique, y compris les élus de gauche[1]. La Passionaria des cités devenue notable et qui vit désormais dans l'opulent quartier du Roucas-Blanc avec villa et piscine[2] n'est plus vraiment la bienvenue ici, dans le Marseille qui souffre. Égérie des quartiers nord où elle a construit un véritable fief, celle que tout le monde appelle Samia nourrit de très hautes ambitions. Elle se verrait bien maire de Marseille. Alors, lors des municipales de 2014, elle se positionne, mais échoue sur le fil à se faire désigner par le PS. Patrick Mennucci l'emporte au terme d'une âpre bagarre. Pour cette nouvelle élection de 2020, ce nouveau challenge, la jeune femme joue cavalier seul face au Printemps marseillais, qui finit par rallier à sa cause la liste EELV[3] de Sébastien Barles. Grâce à cette position, Samia Ghali

1. Philippe Laurenson et Manon Variol, « Prise à partie pendant l'hommage : Samia Ghali dénonce la présence d'anarchistes », *La Provence*, 5 novembre 2019.

2. Le Parquet national financier (PNF) a longuement enquêté sur les conditions d'acquisition de sa villa à 1,35 million d'euros et la conformité de la construction de sa piscine pour finalement conclure à un non-lieu. Une autre enquête du PNF ordonnée sur l'octroi de subventions à des associations dirigées par des proches alors qu'elle était vice-présidente du conseil régional a de même été classée sans suite pour des raisons de prescription. Une lettre anonyme est à l'origine de l'ouverture de ces deux enquêtes (Aziz Zemouri, « Détournement de fonds publics : l'enquête visant Samia Ghali classée sans suite », *Le Point*, 1er décembre 2021).

3. Europe Écologie Les Verts.

conserve une marge de manœuvre, ce qui lui permettra de jouer plus tard le rôle d'arbitre dans l'élection du maire. Mise en scène par Jean-Noël Guérini, le grand maître de la fédération au cœur des années 2000, elle a su tirer profit de ses précieux enseignements. Ghali représente pour beaucoup le clientélisme marseillais poussé à son paroxysme et, disons-le, une forme d'intelligence politique et de pragmatisme qui ne s'embarrasse pas vraiment d'états d'âme.

Mais nous n'en sommes pas encore à l'élection. L'heure est au dépôt de bilan de l'entreprise Gaudin qui voit passer avec effroi sous les fenêtres de sa mairie un petit peuple de Marseille défilant aux cris de « Gaudin assassin ». Qui aurait pu imaginer une aussi désastreuse fin de règne ? Cette affaire sordide de la rue d'Aubagne marque le début de la fin pour celui qui, de toute façon, avait exclu de se représenter pour un cinquième mandat. Se sentait-il trop âgé, trop usé ? Il entend cependant exister en semant le trouble sur sa succession alors que tous les regards se tournent désormais vers ce centre-ville délaissé et misérable. Plus grave, ce drame révélerait l'existence d'une sorte de mafia tirant les ficelles de la gestion de l'habitat insalubre.

Une lettre anonyme – méthode très répandue dans la ville – fort documentée est parvenue aux magistrats chargés de l'instruction. Elle est versée au dossier. On reste troublé par l'étonnante précision des accusations portées dans ce document dont l'auteur semble très au parfum des pratiques locales. Le procédé rappelle évidemment le point de départ de l'affaire qui a conduit, quelques années auparavant, à la chute du président du conseil général Jean-Noël Guérini : une lettre anonyme adressée en 2009 au procureur de Marseille Jacques Dallest avait alors mis le feu aux poudres et motivé l'ouverture d'une information judiciaire touchant à la gestion du conseil général des Bouches-du-Rhône et aux marchés publics. Ici, le ton employé est tout aussi accusateur : « Il existe plusieurs réseaux, bandes, clans ou cercles qui font des affaires autour de l'immobilier dégradé à Marseille[1] », indique son auteur qui cible en premier lieu des marchands de sommeil historiques installés depuis les années 1960-1970 et présentés comme « les intouchables ». Ces derniers tireraient depuis plusieurs années beaucoup de profits autour de logements acquis sous forme de sociétés civiles immobilières. « Ils louent les appartements petits et dégradés à des familles algériennes, comoriennes ou d'autres nationalités et même françaises pourvu qu'ils soient pauvres, précaires et sans garantie et même sans droits. »

Le corbeau fait état d'une réalité que les observateurs attentifs du milieu immobilier connaissent bien : ces propriétaires louent au maximum de ce que peut payer leur clientèle captive, sans effectuer les travaux nécessaires à la conservation et à la sécurité des lieux. Le rôle de plusieurs syndics jugés véreux, eux-mêmes devenus propriétaires dans ce secteur, est mis en avant. Selon l'accusateur, de nouveaux réseaux sont apparus au début des années 1990, mettant notamment en scène certains agents territoriaux ayant acheté des appartements en vue de réaliser une plus-value significative à l'occasion de

1. Lettre anonyme, cote D4960 à 66. Dossier d'instruction rue d'Aubagne.

différents plans de réhabilitation. Mais ceux-ci tardant à se mettre en œuvre, les « spéculateurs » se seraient à leur tour transformés en marchands de sommeil :

> Ensuite, il faut louer à des précaires qui acceptent de s'entasser pour payer le loyer. Par précaires, cela désigne des sans-papiers bien évidemment, mais aussi toute une gamme de gens pauvres, sans moyens, et sans garantie. Des gens au RSA, au chômage, qui travaillent au black, des étudiants et étudiantes, des étrangers. Il faut ne faire aucuns frais, donc aucun entretien, tenter de dissimuler ses revenus fonciers si possible [...]. Dans ces conditions, l'investissement dans les taudis s'avère très rentable[1].

L'auteur de la lettre vient de tracer le périmètre de la tragédie de la rue d'Aubagne tout en décrivant une sociologie des victimes. Il dénonce le milieu opaque des marchands de sommeil qui tassent la misère dans des locaux insalubres. On relève que des notables de la cité, notamment des avocats qui ont pignon sur rue et des conseillers municipaux, ont acquis des appartements dans ces immeubles. Reste à comprendre pourquoi cet hypercentre ne voit jamais arriver les plans de réhabilitation pourtant dessinés depuis de longues années. Par ailleurs, la question des logements insalubres et des marchands de sommeil ne se limite pas au centre-ville : beaucoup de quartiers pauvres ou populaires sont concernés[2]. La justice semble avoir

1. *Ibid.*

2. En juillet 2021, deux de ces marchands de sommeil sont lourdement condamnés par le tribunal de Marseille ; ils louaient des logements insalubres dans les 3ᵉ et 4ᵉ arrondissements. L'une des mises en cause, originaire de la région parisienne, touchait ainsi des loyers de 1 000 et 700 euros

pris la mesure de l'impact de la catastrophe et des révélations contenues dans la fameuse lettre anonyme. Une section dédiée à l'habitat insalubre est créée au sein du palais de justice.

Pour compléter cette description glaçante, les deux SEM jumelles Marseille-Aménagement et Marseille-Habitat sont mises sur la sellette, particulièrement Marseille-Habitat en tant que propriétaire du 63. Dès 2013, un rapport de la chambre régionale des comptes revient sur les activités de Marseille-Aménagement (Sema) depuis 1998 : « Une grande partie de ce patrimoine acquis par la Sema restait encore sa propriété à la clôture des concessions avec de nombreux logements vacants et non réhabilités alors qu'elle les possède souvent depuis de très nombreuses années[1] », s'étonne-t-il. C'est le signe évident de la faillite de la politique de réhabilitation des logements en centre-ville dont la tragédie de la rue d'Aubagne ne serait en fait que le symptôme. La société d'aménagement est pointée du doigt – cela nous ramène à la rue d'Aubagne – pour son absence de contrôle des travaux qui doivent être réalisés par ses propriétaires dans la zone du PRI[2] : « En l'absence de diagnostic physique des opérations d'amélioration,

par mois pour deux taudis. En février 2022, un ancien notaire qui avait fait l'acquisition de 83 appartements est condamné à un an de prison ferme et à de lourdes amendes. (A.V., « Marseille : un ancien notaire lourdement condamné dans un dossier d'habitat indigne », 20 Minutes, 22 février 2022.)

1. Rapport d'observations définitives sur la gestion de la SEM Marseille-Aménagement, chambre régionale des comptes, Paca, 2013.

2. Le périmètre de restauration immobilière est un mode opératoire de rénovation urbaine qui est une alternative à la destruction et à la reconstruction des immeubles anciens dégradés.

il s'avère impossible de dresser un bilan des travaux réalisés pour l'amélioration des parties communes et la mise aux normes des parties privatives et donc d'apprécier l'effectivité et la qualité de la restauration immobilière opérée[1].» Le principe des PRI prévoit en effet que la commune a le choix : soit négocier l'achat du bien et procéder à la réhabilitation, soit contraindre le propriétaire à effectuer des travaux. Or, ici, rien n'a été fait, si l'on en juge par l'état déplorable du patrimoine immobilier dans le quartier.

Dans ce contexte, on comprend mieux, huit ans après la rédaction de ce rapport, l'état de délabrement du 65 rue d'Aubagne et de nombreux immeubles alentour. La question de l'habitat insalubre à Marseille devient cause nationale. Le projecteur placé sur la gestion Gaudin en matière de réhabilitation de logement ouvre manifestement la voie à une poussée de la gauche qui attend son retour aux affaires depuis vingt-cinq ans.

On ne peut s'empêcher de faire ici un parallèle avec le scénario du célèbre film *Main basse sur la ville*, réalisé par Francesco Rosi. Il y est question d'un promoteur peu scrupuleux qui, dans les années 1960, construit dans une zone à risque à Naples avec l'appui de la municipalité. Le chantier provoque une catastrophe peu avant les élections municipales. L'opposition menée par un communiste cherche à confondre le promoteur et la municipalité… Rue d'Aubagne, la cruelle réalité rejoint la fiction. Nous ne sommes plus à Naples, mais bien à Marseille, ville tout aussi maudite.

---

1. Rapport, *op. cit.*

Campagne en eaux troubles

Pour la gauche, l'heure est désormais à la construction d'une union solide glissant des communistes aux écologistes en passant par les Insoumis. Une mission impossible si l'on en juge par les soubresauts de la présidentielle 2022. Mais nous sommes à Marseille et quelles que soient les réserves, les suspicions des uns et des autres, le désastre de la rue d'Aubagne a généré un tel ras-le-bol que la gauche ne peut demeurer les bras croisés. Elle doit répondre aux attentes des habitants qui désirent enfin une municipalité efficiente.

Désigner une tête de liste n'a pas été une mince affaire, d'autant qu'un premier déchirement intervient au sein du camp écologiste, qui nous a d'ailleurs habitués à ses guérillas internes. Michèle Rubirola est une profane en politique – en tout cas, c'est ce qu'elle cherche à afficher. Cette militante écolo de longue date s'est fait la main dans les années 1970 sur le plateau du Larzac. Elle entre en conflit frontal avec l'homme fort du mouvement EELV à Marseille, Sébastien Barles, qui s'appuie sur plusieurs référents locaux. Barles plaide pour une liste indépendante, ce qui fragilise la stratégie d'union voulue par Rubirola. Le 5 octobre 2019, elle claque la porte au terme d'une réunion houleuse au Novotel du Prado. Médecin, Rubirola exerce dans un centre de soins de l'assurance maladie du quartier de la Rose. Elle connaît les fractures sociales de la ville, les souffrances des quartiers nord. Seule l'union des forces de gauche peut, selon elle, faire vaciller l'élection programmée d'un maire de droite. Mais nombre d'obstacles se dressent sur la route, notamment la candidature annoncée de la dissidente Samia Ghali, qui entend, tout comme Barles, faire cavalier seul. Celle-ci tente sans succès une opération séduction en direction de LREM[1]. La sénatrice et ancienne maire des 15e et 16e arrondissements n'a pas caché ses intentions à Emmanuel Macron lors d'un voyage en Algérie en 2017[2]. Pour elle, toute porte ouverte est bonne à franchir. Nous le verrons, elle ne lésine pas non plus avec les contacts du côté de la droite. Samia Ghali a une conception « très ouverte » de la politique.

Reste une inconnue : Jean-Luc Mélenchon, qui, durant plusieurs mois, s'est tenu en retrait avant d'être contraint, lui aussi, de trancher devant les dissensions qui commencent à poindre au sein des Insoumis. Mélenchon à Marseille, c'est un peu une énigme car l'homme n'a jamais vraiment investi dans la ville malgré sa spectaculaire victoire aux législatives de 2017. Le 1er arrondissement, qui englobe La Canebière, la porte d'Aix, Les Réformés et la zone du marché des Capucins, est une sorte de cluster politique pour les Insoumis, un terreau fertile de misère humaine destiné à consolider les ambitions nationales. On note que Mélenchon n'a jamais attaqué frontalement Jean-Claude Gaudin. Les postures très favorables à la communauté musulmane qu'a adoptées le leader des Insoumis se sont avérées particulièrement efficaces durant une campagne où celui-ci s'est vu

1. La République en marche.

2. Lire à ce propos la chronique sur les dessous de la victoire de la gauche : Gilles Rof, « Marseille : du coup de sang de la docteure Rubirola à la prise de la mairie, les épisodes marquants de la campagne municipale », *Le Monde*, 6 juillet 2020.

accueillir par des youyous enthousiastes lors de son passage cours Belsunce, l'artère ouvrant sur l'historique quartier arabe de Marseille[1]. Mais malgré son aura quasi mystique, Jean-Luc Mélenchon a compris que, seuls, les Insoumis n'iraient pas bien loin aux municipales. Une liste d'union s'impose. « J'ai pris l'initiative que tout le monde se rencontre[2] », dira-t-il assez sobrement. De longs mois s'écoulent avant que cette union se cristallise autour du Printemps marseillais, qui réunit socialistes, communistes et mélenchonistes, avec une tête de liste écologiste dissidente, Michèle Rubirola, aux côtés de laquelle se niche Benoît Payan.

***

Payan, pur produit du PS marseillais, a fait ses classes auprès de Jean-Noël Guérini et œuvré dans divers ministères. Cet homme d'appareil connaît bien la politique sur le plan national, et le terrain marseillais en particulier. Son travail dans l'opposition durant le mandat de Jean-Claude Gaudin a été salué pour la qualité de ses interventions. Peu à peu se dessine le véritable cerveau du Printemps marseillais. Démembrée, affaiblie, décrédibilisée par la déroute de 2017, la fédération PS (longtemps la deuxième de France) n'a plus le poids électoral d'antan. Alors se construit l'un des projets les plus audacieux, et pour certains l'un des plus opaques

1. L'auteur a pu être témoin de cette ferveur au cours d'un reportage sur place en 2017 pour *La Tribune de Genève*. Il a pu également prendre la mesure du manque d'empathie du personnage envers la presse.

2. Gilles Rof, « Marseille », art. cité.

qui soient. Intervient en arrière-plan un maillon essentiel : l'ancienne ministre Marie-Arlette Carlotti. Comme Benoît Payan, elle est un pur produit de l'école Jean-Noël Guérini. Un emploi public, un logement social, saupoudrez de quelques aides et vous obtenez à vie une famille d'affidés qui ne viendront pas mordre la main les ayant si bien nourris[1]. Carlotti a, comme la plupart des élus marseillais, bien compris la recette, tout en prenant à temps ses distances avant l'effondrement d'un patron du conseil général dont elle était très proche[2].

Carlotti comprend la complémentarité magique du duo Rubirola-Payan, la sincérité de l'une et l'expérience de l'autre. Élu en 2015 au conseil général des Bouches-du-Rhône, le binôme y fait un banc d'essai. Personne ne les voit vraiment venir, mais Benoît Payan a manifestement des idées plein la tête. Placer le PS en tête de gondole est un ticket perdant à coup sûr. Michèle Rubirola sera donc installée en pole position du Printemps marseillais, histoire de fédérer autour de la carte écologiste. C'est habile et dans l'air du temps. Dans un second

1. À ce propos, voir Cesare Mattina, *Clientélismes urbains. Gouvernement et hégémonie politique à Marseille*, Paris, Presses de Sciences Po, 2016.

2. Jean-Noël Guérini quitte le PS en 2014 après son implication dans un dossier de favoritisme, corruption et détournement de fonds publics qui conduit à sa condamnation par le tribunal de Marseille, en mars 2021, à trois ans de prison et dix-huit mois fermes, peine assortie d'une inéligibilité de cinq ans. Son frère, Alexandre, est condamné à six ans et placé en détention. Sur décision du conseil constitutionnel, Jean-Noël Guérini conserve néanmoins son mandat de sénateur et la vice-présidence de la Commission de la défense du Sénat malgré la confirmation de sa condamnation par la cour d'appel d'Aix-en-Provence le 30 mars 2022, celle-ci n'étant pas assortie d'une exécution provisoire. L'élu a demandé un pourvoi en cassation. Le garde des Sceaux Éric Dupond-Moretti avait introduit une procédure pour le déchoir de son mandat.

temps – c'est tout du moins un scénario avancé par plusieurs témoins ayant participé à l'élaboration de cet ouvrage –, il est semble-t-il imaginé que la fusée à deux étages se sépare : Rubirola laisse les commandes du vaisseau à son acolyte, une opération d'autant plus aisée que Rubirola, touchée par de réels ennuis de santé, trouve une justification légitime à son désistement. Durant toute la campagne, la future maire explique à qui veut l'entendre qu'elle ne veut pas du fauteuil de maire, qu'elle n'est pas faite pour ça.

***

Pour parfaire ce que la presse qualifiera d'imposture électorale, reste tout de même à gagner l'élection. À droite, la situation est confuse. Une âpre bagarre entre héritiers putatifs de Gaudin oppose d'un côté Bruno Gilles, soutenu dans un premier temps par Renaud Muselier, à Martine Vassal, qui s'est assuré le soutien de la députée Valérie Boyer et de Guy Teissier, poids lourd respecté de la droite locale[1]. Bruno Gilles raconte à qui veut l'entendre que, lors d'un dîner, Jean-Claude Gaudin l'aurait explicitement désigné comme son successeur… Mais les verres de bordeaux (le cru préféré de Gaudin) se sont vidés, l'eau a coulé sous les ponts, et Martine Vassal prend sans enthousiasme sa place d'héritière, elle qui sait qu'il va falloir assumer le mauvais bilan du prédécesseur. Elle finit par obtenir l'adoubement

1. En janvier 2020, Renaud Muselier lâche son poulain et rejoint le camp Vassal.

de LR au cours d'une réunion houleuse à Paris. Bruno Gilles, refusant de baisser les bras, quitte le parti et maintient sa propre liste. En janvier 2020, devenu trop encombrant, il est lâché par Renaud Muselier et le candidat dissident se retrouve bien seul dans la tourmente. Bruno Gilles est un caillou dans la chaussure de Martine Vassal. Ce sénateur et ancien député pèse encore lourd dans son fief des 4e et 5e arrondissements.

Division à droite – qui subit par ailleurs la pression du RN[1] et de ses solides assises électorales à Marseille –, union à gauche : le schéma qui se dessine n'est plus vraiment favorable à la candidate LR. D'autant que le trouble-fête pointe son nez : LREM.

Quand En marche arbitre l'élection

Dans cette élection municipale de 2020, le jeu ambigu des macronistes commence par des hésitations sur la désignation de leur candidat, qui placent l'« heureux élu » dans une posture inconfortable. Depuis la présidentielle de 2017, LREM n'est pas parvenue à s'ancrer dans les territoires, pas plus à Marseille qu'ailleurs. Mais le parti du président conserve cette faculté de brouiller les cartes en cherchant alliance à droite, à gauche... c'est selon. Plusieurs postulants se présentent au portillon, dont le député Saïd Ahamada, le doyen de la faculté de droit Jean-Philippe Agresti, l'architecte Corinne Vezzoni et l'ancien président de l'université d'Aix-Marseille Yvon Berland.

1. Rassemblement national.

Un premier rebondissement intervient lors de la visite à l'Élysée de Jean-Philippe Agresti, accompagné du président de l'UPE13, l'Union pour les entreprises des Bouches-du-Rhône, Johan Bencivenga. Le doyen de la faculté de droit veut donner plus de consistance à sa candidature. Son optimisme est conforté par les excellentes relations qu'il entretient avec le couple Macron, son épouse, la productrice Sabrina Roubache, étant très proche de Brigitte Macron. Nous y reviendrons. Les deux hommes sont reçus ce jour-là par un proche conseiller du président qui, d'après plusieurs observateurs, montre clairement son désintérêt pour Agresti et une forte empathie envers Bencivenga. Quelques semaines plus tard, le président de l'union patronale semble marcher sur l'eau lors d'un dîner chez Peron, un célèbre restaurant de la Corniche, auquel participe Emmanuel Macron. Selon plusieurs sources, le président aurait quitté la table en saluant chaleureusement Johan Bencivenga et en prononçant cette phrase : « Je serre la main du futur maire de Marseille. » Telle est l'histoire de l'éphémère candidature du potentiel candidat Johan Bencivenga[1]. Début octobre 2019, il entérine son départ de l'UPE13, ce qui s'appelle quitter la proie pour l'ombre, l'homme entendant contrarier le destin.

Yvon Berland, préalablement sollicité par LREM, prend tout le monde de court en se déclarant le 19 juillet 2019. Ce professeur de médecine réputé se souvient très bien de cette période fort agitée : « Quand je me

1. Plusieurs sources confirment cette anecdote.

suis déclaré, personne d'autre ne s'était officiellement manifesté, mais Saïd Ahamada avait fait savoir qu'il serait candidat à la mairie. J'ai été durant quinze ans président d'université avec de grandes responsabilités, je suis à l'origine de la fusion des trois grandes universités d'Aix-Marseille, fusion dont tout le monde se félicite aujourd'hui. Je pensais légitimement pouvoir beaucoup apporter à ma ville en qualité de membre de la société civile. Par la suite, évidemment, d'autres candidats se sont manifestés et nous vivions une période confuse. Début octobre, des signaux positifs me sont parvenus concernant ma désignation, mais les choses ont traîné[1]. » Le feu vert ne sera donné qu'en décembre par l'Élysée. Saïd Ahamada, qui s'est officiellement déclaré un mois plus tôt, décide de rejoindre Yvon Berland. *Exit* donc Vezzoni, Bencivenga et Agresti, ce dernier se ralliant *in fine* aux listes Vassal.

Pour Yvon Berland, qui découvre les affres d'une campagne électorale, le baptême politique est douloureux : « J'ai dû constituer dans un temps très court des listes par secteur, listes formées avec des personnalités de grande qualité, et mener campagne dans un climat délétère : Gilets jaunes, crise sanitaire, 49-3, réforme des retraites. À chaque visite sur le terrain, on me sollicitait sur des questions touchant à la politique nationale. Je demeure frappé de ce que j'ai vu durant cette campagne, notamment l'état de délabrement de certains quartiers et de nombreuses écoles, ce qui m'a touché,

1. Entretien avec l'auteur, 28 janvier 2022.

ayant mis l'éducation comme fil rouge de ma campagne. Il reste beaucoup à faire à Marseille[1].»

Vient l'heure du premier tour. Tous les prétendants sont désormais sur la ligne de départ : Martine Vassal, Bruno Gilles, Le Printemps marseillais, qui parvient à rallier la liste écologiste de Barles, le RN, dont la tête de liste, Stéphane Ravier, entend lui aussi déjouer les pronostics, l'inclassable Samia Ghali et le candidat En marche, qui ne sait pas encore qu'il sera la clé de l'élection. Malgré des résultats décevants dans sept des huit secteurs de la ville, Yvon Berland peut se maintenir au second tour dans le «6-8» après avoir franchi la barre des 10 %. Martine Vassal, qui s'est présentée dans ce secteur qualifié d'«imperdable», vacille. Depuis des années, Jean-Claude Gaudin y est élu avec des scores de république bananière. La situation de la candidate LR est bien plus inconfortable. Sa rivale du Printemps marseillais, Olivia Fortin[2], la talonne – l'écart n'est que d'un demi-point. Comme une mauvaise nouvelle n'arrive jamais seule, Le Printemps marseillais est en tête dans trois des principaux secteurs de la ville. La perte du 6-8 peut donc s'avérer fatale... «Trois possibilités se présentaient à moi, se souvient Yvon Berland, me reporter sur le Printemps, ce qui, compte tenu de mes convictions, n'était pas envisageable, me reporter sur

1. *Ibid.*

2. Olivia Fortin est issue d'une famille de notables, les Rastoin, qui ont fait fortune dans les huileries et donné à la ville des élus de premier plan qui ont joué un rôle important dans les mandats de Gaston Defferre et Robert Vigouroux. Elle apporte donc au Printemps la caution d'une grande famille historique de la droite pour succéder à Gaudin.

Martine Vassal ou me maintenir. Je rencontre la candidate LR durant deux heures. Je demande que plusieurs membres de ma liste figurent sur la sienne pour le second tour, ce qu'elle refuse, me proposant d'être seul présent sur sa liste, ce que je refuse. Elle me propose alors de me retirer avec son soutien pour les sénatoriales ou les départementales. Je lui précise que ça ne peut pas dépendre que de moi, mais de l'Élysée et du parti.»

Vient le temps d'un *brainstorming* téléphonique avec Paris. «Je n'étais pas très favorable initialement à me maintenir, mais l'Élysée et le parti, à juste titre, je l'ai rapidement compris, considéraient que ma liste et mes idées devaient être représentées au conseil municipal. J'ai suivi cette position après avoir consulté mes colistiers, dont la moitié était favorable à mon maintien et l'autre non. Mais tous étaient d'avis de se conformer à la position de Paris. Jean-Claude Gaudin était informé par l'Élysée de la décision. Il est clair que j'ai fragilisé Martine Vassal qui, je le crois, a été très mal conseillée. Il n'est jamais très bon d'avoir raison trop tôt lorsqu'on voit que, quelques mois plus tard, des accords sont passés pour les régionales et les départementales.» Yvon Berland tient toutefois à souligner que même s'il ne s'était pas maintenu, l'élection à la mairie de la candidate LR n'était pas acquise, de nombreux électeurs LR ne cachant pas notamment leur désaccord au maire sortant, second de la liste. Il estime en outre que la défaite de Martine Vassal est un événement majeur pour l'avenir de LR à Marseille. On comprend que, stratégiquement, En marche a eu intérêt à fragiliser LR à Marseille en jouant la carte du Printemps marseillais, d'autant que les relations entre Benoît Payan et le président de la République sont excellentes.

Et le plan fonctionne à merveille. À droite, la confusion règne. Martine Vassal, battue au second tour dans le 6-8, n'a plus aucune légitimité à se présenter pour un troisième tour qui s'annonce délicat. Quant à la gauche, elle ne dispose en fait d'aucune majorité. Il s'agit de rallier Samia Ghali qui, avec ses neuf élus au conseil municipal, a pris des contacts tous azimuts, y compris avec… Martine Vassal.

***

On apprend ainsi qu'un deal secret aurait été passé dans les quartiers nord pour que Samia Ghali conserve son secteur des 15e et 16e arrondissements où le candidat LR se retire. En compensation, elle se met en retrait dans les 13e et 14e, ce qui permet au candidat LR, David Gattier, de s'imposer largement face au sortant, le RN Stéphane Ravier. Alain Lhote est, à n'en pas douter, un témoin clé de cette tambouille politicienne d'entre-deux-tours[1]. Cet avocat marseillais renommé garde un goût amer de son aventure sur les listes de Ghali. Tête de liste dans les 2e et 3e arrondissements, où se présente Benoît Payan, ce candidat issu de la société civile constate d'abord avec effroi l'état déplorable de certains quartiers de la ville : « J'ai été saisi parce que les gens me disaient sur le terrain : “Je vais voter pour vous,

1. Entretien avec l'auteur, 29 décembre 2021.

mais il faut me trouver un logement et un travail." Je ne savais pas quoi répondre. Il n'était pas question de programme, d'avenir de Marseille. J'ai très vite compris ce qu'était le clientélisme à Marseille. »

L'entre-deux-tours conforte son dégoût pour la politique. « J'affiche au premier tour un score pour le moins étonnant de 9,99 %. Il me manque une seule voix pour me maintenir... J'émets aujourd'hui quelques réserves sur la sincérité du dépouillement. Plusieurs journalistes s'en sont eux-mêmes étonnés... Je suis par la suite l'objet de travaux d'approche pour récupérer mes voix. Benoît Payan se présente le premier au cabinet en me déversant des propos peu amènes sur Samia Ghali. [Finalement Payan et le Printemps feront alliance avec Ghali pour remporter l'élection.] Samia, quant à elle, m'appelle en me disant : "Il faut rejoindre la liste de Lisette Narducci." Narducci, la tête de liste de... Bruno Gilles, rappelons-le, dissident LR. Je me souviens avoir dit à Lisette autour d'un café : "Mais j'ai fait une campagne très dure contre vous ? Ce serait incompréhensible de me rallier à vous." » Les travaux d'approche se poursuivent. « J'ai reçu un coup de fil de la candidate LR Solange Biaggi me laissant entendre qu'il y avait peut-être pour moi une place à prendre aux prochaines départementales... Je me souviens très bien de cet appel, c'était un dimanche. Comme je me suis écarté de toutes ces combines, plus personne ne me parle. Samia m'a supprimé de sa liste d'amis, Payan aussi... Je tiens à souligner qu'avec Le Printemps marseillais il y a tromperie sur la marchandise. On note que Payan et Ghali se feront élire pour les départementales dans la foulée des municipales. Nous ne sommes vraiment pas en face d'enfants de chœur. Et la morale de cette histoire est : "Il faut que tout change pour que rien ne change." »

C'est ce qu'a vécu Alain Lhote qui se reproduit, à une autre échelle, lors du fameux troisième tour devant décider du nom du maire. Samia Ghali fait désormais figure d'arbitre, multiplie les contacts en coulisse, à droite et à gauche, pour finalement se rallier au Printemps marseillais au terme d'âpres négociations. Du côté de la droite, l'ambiance est tout aussi délétère. Doyen en âge, Guy Teissier est le plus légitime, désormais, à se présenter au poste de maire, mais Lionel Royer-Perreaut, le maire sortant réélu dans les 9e et 10e arrondissements, se sentant pousser des ailes, se positionne pour faire obstacle au dernier moment à la candidature de celui qui a été son mentor. Finalement, Teissier gagnera ce bras de fer inattendu.

***

Épilogue : « Tout est décidément pour le mieux dans le meilleur des mondes marseillais. » Michèle Rubirola, qui obtient une courte mais suffisante majorité, grâce au ralliement aux forceps de Samia Ghali, enfile son écharpe sous les applaudissements. Six mois plus tard, elle la passe à Benoît Payan, ni vu ni connu… De nouveau sous un tonnerre d'applaudissements du banc de la gauche. La droite et le FN quittent l'hémicycle.

Mais tout ne s'est pas totalement déroulé comme prévu. Le plan machiavélique connaît son accroc.

Michèle Rubirola a pris goût à ses nouvelles fonctions. Durant l'été 2020, l'élue tente de s'émanciper de la pesante tutelle de Benoît Payan, prend attache, par l'intermédiaire de Cécile Duflot, avec l'ancien député et ministre socialiste François Lamy, par ailleurs ex-collaborateur de Martine Aubry à Lille. Au cours d'un déjeuner, Lamy lui propose de lui apporter clés en main une équipe de collaborateurs fidèles destinée à reprendre les affaires de la ville[1]. « Contrairement à ce que l'on a pu dire et lire, Rubirola finit par apprécier son fauteuil de maire. Il est très grisant de voir tous ces gens autour de soi aux petits soins, on se sent brusquement important, témoigne cet observateur attentif et très informé de la vie politique locale. Le problème, c'est que cette femme sincère est confrontée à Benoît Payan. Il lui aurait demandé de partir et elle est partie[2] ! »

Pour comprendre l'influence de Jean-Noël Guérini, il faut revenir à ce petit militant qui, dans les années 1970, distribuait les professions de foi dans les ruelles du Panier. Gaston Defferre ne l'appréciait guère, mais peu à peu ce besogneux plutôt malin est parvenu à mettre la main sur la fédération, puis sur le conseil général, avec, toujours, dans son sillage son double, son frère Alexandre, qui entretient des relations opaques avec le grand banditisme d'un côté et le monde des

1. *Le Canard enchaîné* fait état dans son édition du 31 décembre 2020 d'un repas avec François Lamy, puis d'une visite de Benoît Payan au domicile de Rubirola. Il est accompagné d'Olivia Fortin et de l'adjoint PC Jean-Marc Coppola qui s'opposent à la venue de Lamy (Anne-Sophie Mercier, « Un caïman dans le Vieux-Port »).

2. Entretien avec l'auteur, octobre 2021.

affaires de l'autre[1]. Comme le duo éponyme de sinistre mémoire des années Defferre[2], Jean-Noël et Alexandre sont originaires du village de Calenzana, en Haute-Corse. On les dit cousins… C'est aux côtés de ces gens-là que Benoît Payan s'est formé, ce qui laisse des traces.

Michèle Rubirola donne une version beaucoup plus *soft* de son « abandon de poste » dans les pages du magazine *Elle*. L'élue y apparaît tout sourire dans son nouveau bureau de première adjointe. Manifestement, la belle opération de com a soigneusement été préparée. Le ton est à la sincérité : « C'est peut-être bête à dire, mais sachez-le : quand il pleuvait, je vivais dans la peur… J'étais dans la hantise d'une catastrophe comme celle de la rue d'Aubagne. Je portais ce poids moral sur les épaules. Benoît, conseiller municipal depuis plusieurs années, est beaucoup mieux armé que moi pour les situations de crise[3]. » On se contentera de cette justification : Michèle avait peur de la pluie…

---

1. Lire à ce propos Jean-Michel Verne, *Main basse sur Marseille et… la Corse*, Paris, Nouveau Monde, 2012.

2. Au sujet des relations entre Gaston Defferre et Nick Venturi, voir chapitre 2.

3. Marie-France Etchegoin, « La bonne personne ce n'était pas moi », *Elle*, 17 janvier 2021.

2

Clientélisme

L'homme est toujours impeccablement sanglé dans son costume gris : chemise blanche, cravate bleue, tête droite avec ce regard malin qui trahit l'envergure du chef. On croisait fréquemment Nick Venturi sur l'avenue du Prado. Pas facile d'aborder une légende, alors que l'intéressé vous salue invariablement d'un petit hochement de tête, signe qu'il vous a «logé». Il y a quelque chose d'impénétrable, de froid, chez cet homme-là. Aucun journaliste n'est parvenu à confesser celui qui disparaît un jour d'avril 1988 à l'âge de 84 ans. Et l'auteur, malgré une audacieuse tentative, n'a jamais pu faire parler cette mémoire du milieu marseillais. «On se verra», nous lâche-t-il un jour de 2004 avec un petit sourire devant le guichet d'un laboratoire médical. Mais dans ce milieu, le silence est de règle. On part dans l'au-delà en emportant des caisses de secrets bien gardés.

Nick Venturi n'était pas l'un de ces caïds qui roulent des épaules dans les bars de nuit et qui plongent le nez dans le décolleté des filles. Nick était un parrain, il avait véritablement le sens de la famille. Chaque année, sagement assis dans sa chaise longue à la fête de l'école catholique Jeanne-d'Arc, il couvait ses arrière-petits-enfants d'un regard affectueux. Un bon papy rangé des voitures, en somme. Toujours impassible et silencieux, pas un geste de trop. Et puis, un jour, la flamme s'est éteinte, le costume impeccable est resté dans le placard. D'énormes limousines noires se sont arrêtées devant le domicile du défunt. Des hommes, eux aussi vêtus de noir, en sont descendus. Mais ils ne ressemblaient pas vraiment à des séminaristes... Les obsèques à l'église du Sacré-Cœur voient défiler notables, élus et les inévitables pointures du grand banditisme, alors que résonne dans la crypte l'hymne corse, le *Dio vi Salvi Regina*. Nous sommes bien à Marseille, capitale du mélange des genres.

Nick Venturi incarne l'interpénétration parfaite entre milieu, vie économique et politique. Tel est le ciment dur de ce clientélisme marseillais qui fait et continue de faire tant de tort à l'image de la ville. Le ciment prend un jour de 1944, quand un certain Gaston Defferre et son réseau de résistants s'emparent, armes à la main, des locaux du *Petit Provençal*, un journal local qui a largement collaboré avec l'occupant. Son titre devient *Le Provençal*[1] pour asseoir le pouvoir de « Gaston » à la tête de la mairie de Marseille de 1953 à 1986. Depuis le début, Nick Venturi apparaît fièrement aux côtés du maire, même dans ses heures sombres, ce qui lui vaudra d'être décoré de la croix de guerre.

***

1. Gaston Defferre créera plus tard un titre concurrent, de droite celui-là, *Le Méridional*, qu'il contrôle également.

Il y a manifestement quelque chose de Sabiani chez Venturi. Certes, Nick est bien plus discret que l'homme qui, dans les années 1930, avait scellé une alliance d'airain entre voyous et politiques. Simon Sabiani, corse lui aussi, héros lui aussi, avait été décoré pour ses hauts faits d'armes. Le tribun issu de la gauche la plus radicale n'avait pas hésité à franchir le Rubicon et à se rapprocher de l'extrême droite, au point de rejoindre par la suite le PPF[1] de Doriot. Sabiani a surtout marqué l'imaginaire collectif pour son alliance indéfectible avec le duo de gangsters lui aussi mythique : Lydro Spirito et Bonaventure Carbone. Un trio qui, durant plusieurs années, dirige la ville en plaçant à sa tête un maire fantoche : Georges Ribot. Carbone et Spirito sont de toutes les campagnes électorales, se payant même le luxe de rentrer dans l'hôtel de ville au bras du vainqueur. Mais l'image forte reste ce 30 mars 1934, où le duo mafieux est reçu en grande pompe à l'hôtel de ville alors qu'il vient d'être blanchi dans une affaire des plus mystérieuses : la mort du conseiller Prince. Ce magistrat chargé d'enquêter sur le plus grand scandale de l'époque, l'affaire Stavisky, est retrouvé mort, attaché à des rails, sur une voie ferrée proche de Dijon. L'inspecteur Bonny, qui sera au cœur de l'affaire Seznec, met en cause Spirito et Carbone. Ils seront incarcérés durant un mois, puis remis en liberté, faute de preuves. C'est en véritables conquérants qu'ils débarquent à la gare Saint-Charles, avant de descendre La Canebière sous les « Vivats » de la foule… La ville

1. Parti populaire français.

n'a rien perdu de sa fascination pour les voyous. Elle les adore.

Le clientélisme s'est infiltré dans le tissu socio-économique de la cité depuis bien longtemps. Personne n'a oublié que Jean-Baptiste Estelle, premier échevin de la ville, est responsable de la mort de dizaines de milliers de Marseillais pour avoir laissé pénétrer dans le port, le 25 mai 1720, le *Grand-Saint-Antoine*, un navire bourré d'étoffes et de ballots de tissus infestés par le bacille de la peste. Estelle, négociant de profession, avait des intérêts économiques dans la cargaison. C'est malheureusement toujours comme cela à Marseille : les intérêts personnels, les intérêts de quelques-uns, sont favorisés au détriment de l'intérêt collectif. Qui veut un emploi public, un logement, des avantages divers va voir Simon Sabiani, devient son obligé, le plus souvent avec toute sa famille. Quoi de mieux pour se constituer une clientèle électorale servile à souhait ? Plus tard, les Venturi, Rossi, Gaston Defferre puis Alexandre ou Jean-Noël Guérini, Claude Bertrand, Jean-Claude Gaudin, etc., en auraient tiré des enseignements.

Ce Marseille de la compromission prospère durant ces années 1930 qui voient l'embourgeoisement du milieu, lequel profite désormais de la manne des colonies : trafic de piastres, d'opium, de cigarettes, de filles aussi – l'argent coule à flots. Puis commence à poindre la martingale de la drogue, avec un premier labo installé par Spirito et Carbone en Suisse. Grâce à de nombreuses complicités au sein des Messageries maritimes, largement pourvues en marins d'origine insulaire, les voyous marseillais n'en sont plus à se battre au couteau pour défendre leur territoire autour des quatre-vingt-huit maisons closes que compte Saint-Jean au début du XXe siècle. Ce quartier glauque situé entre le Vieux-Port et le Panier, baptisé par Hitler « le chancre marseillais », sera rasé en 1943 par les nazis qui déporteront des centaines d'habitants. Si le fantôme de François Albertini, dit François le Fou, chef emblématique de la bande de Saint-Jean, traîne encore sur les quais du Vieux-Port, l'heure est désormais au costume trois pièces et aux chaussures bicolores, car ces gens ont besoin d'ostentation. Simon Sabiani, tout comme ses amis, ne fait pas dans la discrétion. Son immense danois ayant perdu une canine, il n'hésite pas à le doter d'une dent en or visible par tous les invités qui pénètrent dans sa magnifique demeure[1]. Sabiani est devenu le prince de Marseille, qui manipule les édiles à sa solde et joue sur les divisions et les complexités politiques de la ville.

Sabiani et ses amis Spirito et Carbone ont désormais l'appui de riches familles d'armateurs comme les Fraissinet qui offrent au premier un journal. Il aurait sans doute tenu la ville durant de fort longues années si le socialiste Henri Tasso n'avait remporté les municipales de 1935. L'homme a le soutien d'une famille corse jadis associée puis rivale, les Guérini, qui vont peu à peu prendre la main. Sous l'Occupation, Sabiani est aspiré dans la collaboration la plus active, ce qui le conduit, à la fin de la guerre, à se réfugier en Espagne sous la protection de son ami Franco. Il y meurt en 1956 avant de rejoindre son caveau, dans le petit village dont

1. Anecdote confiée à l'auteur par l'historien Olivier Boura.

il est originaire. Carbone, l'autre insulaire du trio, est mort quant à lui pendant le conflit, les jambes sectionnées au cours du bombardement du train dans lequel il voyageait. Seul Spirito connaîtra une deuxième carrière après avoir fui aux États-Unis.

***

Côté milieu, ce sont les Guérini qui occupent désormais le terrain après avoir eu la bonne idée de verser du côté de la Résistance. Les deux frères, Barthélemy, dit Mémé, et Antoine, vont donner au milieu corse une place prédominante dans la hiérarchie mafieuse internationale, au même titre que la Cosa Nostra sicilienne ou la mafia américaine. Marseille se retrouve au cœur du dispositif, plaque tournante du trafic d'héroïne vers les États-Unis. Si la ville a mauvaise réputation, disons-le, c'est mérité.

Quand, le 8 avril 2008, les notables se serrent sur les bancs de l'église du Sacré-Cœur pour les obsèques de Nick Venturi, c'est bien une forme de continuité du clientélisme mafieux imprégnant le cœur de la cité depuis des décennies qui s'exprime. La ville n'a rien à envier aux transalpines Naples, Rome ou Palerme. Si les Italiens, en une immigration massive venue du Mezzogiorno, ont importé la violence à Marseille à la fin du XIXe siècle, les Corses, eux, l'ont structurée, organisée, pensée comme un mode de gouvernance. Pour ce faire, ils ont reçu l'appui d'un personnage clé : Lucky Luciano. Cet Italo-Américain qui a fait ses classes dans le sillage d'Al Capone a compris l'importance stratégique de Marseille avec ses messageries, ses marins affidés et, plus tard, ses chimistes si réputés qu'ils produiront la meilleure héroïne du monde[1]. Luciano décide de rendre visite à Antoine Guérini pour organiser le trafic. La French Connection est née, mais Lucky Luciano n'en verra guère l'expansion puisqu'il décède à Naples en 1962 d'un arrêt cardiaque.

Nick Venturi est un membre important de cette organisation, si l'on en croit les différents rapports des services américains[2]. Rangeant sa décoration de résistant au vestiaire, Nick, l'ami de Gaston, se lance très vite dans de troubles activités, notamment le trafic de cigarettes où il s'illustre, aux côtés de figures de la mafia corse comme Jo Renucci ou Marcel Francisci, dans la ténébreuse affaire du Combinatie. L'attaque simulée en pleine mer du *Combinatie*, un navire aux soutes pleines d'une cargaison de cigarettes, détournée ainsi par son propre équipage, donne par la suite lieu à une succession de règlements de comptes qui marque l'un des plus célèbres épisodes de la saga des Corso-Marseillais. Parmi ses héros figure un certain Antoine Paolini, dit Planche, qui échappe à une première tentative d'assassinat en 1954. L'anecdote est savoureuse. Dans la clinique où il est hospitalisé, Planche reçoit la visite de son avocat, le ténor Émile Pollack. Ce dernier est accompagné de son épouse, connue pour être particulièrement gaffeuse.

1. Voir chapitre 2.

2. L'ouvrage *Les Parrains corses* (Jacques Follorou et Vincent Nouzille, Paris, Fayard, 2004) révèle, à la suite du méticuleux travail de recherche de Vincent Nouzille aux USA, une série de documents qui mettent en cause la famille Venturi.

Mme Pollack se serait approchée du blessé alité, aurait posé sa main sur son bras et aurait lancé : « Allons monsieur Planche, il ne faut pas vous laisser abattre[1]... » Malgré cette bienveillante remarque, Planche Paolini, qui avait bien détourné la cargaison planquée en Corse, est tué en 1955. Le festival meurtrier durera plus de vingt ans.

Nick, qui a été condamné dans l'affaire des cigarettes, poursuit son chemin tout en bénéficiant de ses précieuses relations avec Gaston Defferre. C'est un échange de bons procédés. Le Cévenol, qui se fait élire pour la première fois en 1953, ferme les yeux sur les activités de son ancien garde du corps (lors de ses débuts en politique, puis de ses démêlés avec l'OAS[2] en 1962). Nick Venturi sert de relais pour trouver les petites mains nécessaires aux campagnes électorales souvent animées.

Pendant ce temps-là, si les Américains s'interrogent sur la place de Nick et de son frère dans le trafic international de stupéfiants, en France – ce n'est pas la moindre des énigmes –, on ne s'intéresse guère aux relations troubles de Gaston Defferre avec les Venturi et les frères Guérini. L'explication est sans doute à chercher dans la bienveillance de De Gaulle envers Gaston Defferre, comme en témoigne celui qui a bien connu les réseaux gaullistes et le Service d'action civique (SAC), et beaucoup navigué entre Paris et Marseille : « Defferre a toujours été protégé par de

1. Anecdote livrée à l'auteur par la fille d'Émile Pollack, l'avocate Nicole Pollack.

2. Organisation armée secrète.

Gaulle qui disait : “Vous ne sortez pas une seule affaire sur Defferre.” J’ai rencontré à l’époque Foccart et il m’a toujours dit qu’il le protégerait. C’était pareil pour Chaban, de Gaulle a toujours protégé sa garde rapprochée. Defferre était pourtant ciblé pour ses liens avec le milieu[1].» Jacques Foccart, c’est le gaullisme en eaux troubles, le monsieur Afrique de l’époque qui connaît toute l’importance stratégique de Marseille dans les relations avec le continent. Defferre et ses amis sont intouchables.

Pourtant, un rapport du Congrès américain intitulé «Crime organisé et trafic illicite de drogue[2]» dénonce le milieu corso-marseillais comme clé de voûte du trafic d’héroïne en direction des États-Unis et du Canada. Nick et Jean Venturi figurent en belle place sur la liste des trente-quatre noms cités. Quatre organisations sont ciblées autour de personnages clés comme Jean Jehan, Marcel Francisci, Jean-Baptiste Croce, Paul Mondoloni ou… François Spirito. Après avoir passé plusieurs années aux États-Unis où il a développé ses talents de trafiquant, Spirito retourne en France où il est jugé pour faits de collaboration par un tribunal militaire, et symboliquement condamné. Il s’installe à Sausset-les-Pins, sur la Côte bleue, mais se rend fréquemment près de New York et au Canada pour organiser les trafics de la filière de Joseph Orsini. Spirito est également proche de Nick Venturi, comme en témoigne la fiche signalétique de ce dernier indiquant en outre : «Organise le trafic

1. Entretien avec l’auteur, novembre 2021.
2. «Organized Crime and Illicit Traffic in Narcotics», 30 juillet 1964.

vers le Canada de larges quantités d'héroïne produites clandestinement par les laboratoires français, utilisant les services de son frère Jean Venturi qui réside au Canada[1]. »

Malgré les lourds soupçons qui pèsent sur lui, Nick prospère en toute tranquillité sous le soleil marseillais. Il développe des activités très lucratives dans le secteur du bâtiment et des travaux publics. Il crée ainsi une coopérative ouvrière spécialisée dans les travaux de peinture, la CGEM, qui ne va pas tarder à rafler de très importants marchés de la ville de Marseille. Tant qu'elle reste loin des regards, la situation de Nick Venturi ne peut que fleurir, d'autant qu'il est l'un des rares à pouvoir s'asseoir dans le bureau de Gaston Defferre.

***

Un événement va redistribuer les cartes : le suicide, un soir de mars 1982, du très controversé directeur de la Caisse primaire d'assurance maladie (CPAM) de Marseille, René Lucet. Encore une histoire à placer en tête de gondole du rayon des mystères de la ville. Cette nuit-là, l'homme, qui est sur la sellette pour la gestion pour le moins hasardeuse de la CPAM – où pointent de nombreuses anomalies autour de l'octroi de certains marchés de la caisse –, se donne la mort de… deux balles tirées en pleine tête. Ce fait pour le moins irrationnel n'a pourtant pas choqué les experts balistiques, selon lesquels, après une première balle tirée, la seconde

1. *Ibid.*

aurait poussé la première dans le crâne de la victime… Raymond Martin, le médecin légiste qui a examiné le corps, écarte totalement cette éventualité : « Les lésions au cerveau provoquées par le premier projectile excluent la possibilité d'en tirer un second[1]. » L'expert s'étonne de ne pas avoir été entendu par le magistrat instructeur ayant conclu à un suicide.

Alors que se cache-t-il derrière cette mort plus que sujette à polémique ? L'un des scandales les plus marquants de l'histoire de Marseille, l'affaire dite des fausses factures. Elle révèle tout d'abord que la CGEM de Venturi est bénéficiaire de la plupart des marchés de peinture de la CPAM. En outre, signe de la proximité de Venturi et de Lucet, le premier a vendu sa maison du quartier de Saint-Barnabé au second pour la moitié de sa valeur… Mais l'enquête ne fait que commencer. On s'aperçoit plus globalement que l'entreprise de Venturi a raflé plus du quart des appels d'offres de la ville, auxquels elle est seule à soumissionner, le tout pour un montant global de 70 millions de francs (un peu moins de 23 millions d'euros)[2]. Marseille découvre peu à peu un système de corruption qui met en scène une quarantaine d'employés de la mairie et plusieurs adjoints. Parmi eux, Antoine Andrieux, un ancien chauffeur de taxi devenu chef d'entreprise qui fêtera dignement son premier million. Son décès le 10 mars 1983 lui évitera l'infamie, ce qui ne sera pas le cas, trente ans plus tard,

1. « Ces morts mystérieux de la Ve République », *Libération*, 11 décembre 2015.

2. Yvonnick Denoël et Jean Garrigues, *Histoire secrète de la corruption sous la Ve République*, Paris, Nouveau Monde, 2014.

de sa fille Sylvie, condamnée pour « détournement de fonds publics » en sa qualité de vice-présidente du conseil régional[1].

L'affaire révèle un système de corruption hiérarchisé dans lequel, par exemple, l'agent de voirie perçoit, au plus bas de l'échelle, 5000 francs, et l'adjoint technique aux affaires scolaires, 38000. Nick Venturi semble trembler devant la menace judiciaire, comme en témoigne une écoute assez parlante : « Ils peuvent toujours gratter à la coop, ils ne trouveront rien. Je travaille à la ville et ce sont des amis. Et rompre une amitié, tu le sais, ce n'est pas notre mentalité. Mais je vais te dire, s'ils me cassent les tintins, je parle de Marcel, de Marcel Francisci. Il était avec nous, avec Defferre[2]. » Gaston Defferre serait-il lui-même impliqué dans d'obscurs trafics ? On croit le deviner dans ces propos.

En ce qui concerne ce dossier des fausses factures, Gaston Defferre ne sera pourtant jamais inquiété, ce qui paraît aujourd'hui assez inconcevable. « Philippe San Marco, alors secrétaire général adjoint de la mairie, a plongé dans les dossiers et s'est aperçu que la CGEM trustait tout », explique un témoin qui, à l'époque, travaillait dans l'administration municipale. Gaston Defferre aurait feint l'étonnement. « En fait, l'organisation fonctionne au niveau des adjoints techniques qui gèrent

1. Condamnation définitive en 2016 pour « détournement de fonds publics » après le rejet d'un pourvoi en cassation. Exclue en 2014 du PS, Sylvie Andrieux se voit donc déchue de son mandat de députée deux ans plus tard.

2. Yvonnick Denoël et Jean Garrigues, *Histoire secrète de la corruption sous la Ve République*, *op. cit.*

eux-mêmes les marchés», se souvient le même homme qui rédige, durant l'hiver 1982, une note en constatant le montant astronomique des travaux opérés dans les écoles de la ville. Il remarque «que les devis de grosses réparations sont toujours un sujet d'étonnement»[1]. Les failles de la gestion Defferre apparaissent désormais au grand jour. L'image de Marseille est que plus jamais écornée. Ville de gangsters, de voyous... On comprend dès lors qu'à l'étranger le seul mot «Marseille» fasse frissonner.

Quant à Nick Venturi, s'il est certes condamné dans l'affaire des fausses factures[2], il poursuit son existence de papy supposé de la French, partagée entre Marseille et Tanger, lieu bien connu des trafics en tous genres – particulièrement la drogue – et des rencontres informelles entre d'étranges réseaux où se mêlent gangsters, barbouzes et services secrets.

***

La fin de vie de celui qui apparaît désormais comme un juge de paix du milieu est ternie par son apparition en «vedette américaine» dans le sombre dossier du Cercle Concorde. L'affaire mêle une série d'intervenants, depuis des équipes corses bien connues comme les Federici[3] jusqu'au Bonifacien Paul Lantieri, en passant par un banquier suisse, François Rouge, dans un

1. Rencontre avec l'auteur, 29 décembre 2021.
2. Nick Venturi est condamné en juillet 1985 à quatre ans de prison par la cour d'appel d'Aix-en-Provence («Fausses factures de Marseille, huit peines aggravées en appel», *Le Monde*, 8 juillet 1985).
3. Voir chapitre 3.

rocambolesque circuit de blanchiment par le biais d'un cercle de jeu parisien. Nick semble avoir investi de l'argent dans cette opération douteuse *via* la SA Sextius gérée par François Rouge. Il a également placé des fonds dans une célèbre brasserie aixoise, la Rotonde. L'affaire révèle l'implication du petit-fils de Nick qui aurait servi de relais entre Lantieri et le banquier suisse[1]. Le plus tragicomique étant qu'une partie des deniers de l'aïeul demeure introuvable… Sujet à des trous de mémoire sur son lit de mourant, Nick n'a retrouvé ni le nom ni l'adresse de la banque genevoise destinataire de la coquette somme de 250000 euros. Son ultime mauvaise blague.

Gaston est mort

« Je me souviens des obsèques comme si c'était hier. Toutes les huiles du parti socialiste étaient présentes. Ils étaient tous habillés de la même manière avec de grands manteaux noirs et défilaient en rang devant la dépouille installée devant la mairie. Soudain, le silence a été brisé par le croassement d'un goéland venu se poser près du cercueil. Puis il y eut le discours du premier adjoint, Jean-Victor Cordonnier : “En partant, tu as oublié ton chapeau, ne t'inquiète pas, on le garde.” Gaston portait toujours un chapeau[2]. » C'est un ancien de l'entourage de Defferre qui témoigne. Il a suivi la fin de Gaston et

1. David Coquille, « La fortune égarée du producteur de patates », *La Marseillaise*, 6 juin 2013.
2. Rencontre avec l'auteur, 29 décembre 2021.

son agonie à l'hôpital de la Timone, où le maire a été admis après avoir été victime d'un malaise dans la nuit du 4 au 5 mai 1986. Il se rappelle très bien cette soirée dans les couloirs de l'hôpital, où le banquier Bernard Maurel est chargé de rédiger le communiqué annonçant le décès. Il y a toujours un banquier dans ces moments-là. Ordre est donné d'attendre l'arrivée de François Mitterrand. L'Élysée entend tout contrôler.

Aux obsèques, dans une atmosphère un peu stalinienne, tous les caciques sont serrés les uns contre les autres, sauf un qui se tient à l'écart : le patron du PS des Bouches-du-Rhône, Michel Pezet. Lui a trouvé refuge au milieu des élus de droite. Depuis la mort du chef, Pezet est en effet pointé du doigt par cette femme au visage fermé qui le désigne comme seul responsable de la mort de son mari : l'écrivaine Edmonde Charles-Roux. Selon l'histoire relayée par la veuve, Michel Pezet, en conflit avec Gaston Defferre, aurait mis ce dernier en minorité lors d'une réunion houleuse du comité fédéral pour la nomination d'un nouveau secrétaire. Rentré à son domicile et profondément affecté par la trahison de Pezet, Gaston aurait été victime d'un malaise. Un scénario de tragédie grecque.

Pezet, qui veut rénover la fédération, soutient en effet Yves Vidal. Quant à Gaston Defferre, il a bon espoir de reprendre la main en plaçant l'Aixois Jean-François Picheral à sa tête. La situation est tendue pour Michel Pezet qui vient de perdre la présidence de la région. De l'autre côté, Defferre affiche une victoire aux législatives. Le rapport de force lui semble favorable. Et, pourtant, il perd la partie.

***

Jeune militant actif, puis pièce importante de l'appareil du PS, proche de Michel Rocard, cet avocat de profession est un juriste émérite[1]. Il tient à ranimer au plus vite un parti secoué par les affaires et à mettre à l'écart la vieille garde defferriste qui a pris beaucoup trop de coups. Poussé dans un premier temps par Edmonde Charles-Roux, Michel Pezet est désormais le fils maudit. L'épouse lance contre lui une véritable *fatwa* politique qui lui barre bien des ambitions, tant nationales que marseillaises. C'est un coup d'arrêt à la carrière politique du dauphin qui se contente par la suite de strapontins, comme la vice-présidence du conseil général chargé des affaires culturelles. Jamais Edmonde n'a pardonné. Trente-cinq ans après cette sombre nuit, Michel Pezet revient sur cette période et tend à relativiser : « Les rapports avec Gaston ont commencé à se tendre à partir de 1984 quand j'ai été élu au conseil régional, puis quand j'en ai pris la présidence. Là commence une réelle rivalité. Gaston ne voulait pas de successeur, il était immortel. Nos relations se sont par ailleurs dégradées quand j'ai refusé de prendre Philippe San Marco sur la liste des législatives. Ce dernier m'avait lourdement attaqué dans une réunion[2]. »

Puis la tension monte d'un cran quand Pezet cherche à imposer Yves Vidal au secrétariat fédéral : « Defferre m'a appelé : "Je ne veux pas Vidal car il a dit que j'étais

1. Michel Pezet est à l'origine de la rédaction, ces dernières années, de plusieurs textes de loi.

2. Entretien avec l'auteur, septembre 2021.

un vieux con." Je lui ai répondu : "Mais je ne sais pas d'où tu tiens ça." En fait, les choses se sont vraiment gâtées au congrès fédéral du PS de Fos-sur-Mer qui s'est tenu le 29 septembre 1985. Le service d'ordre est assuré par François Bernardini[1]. Je gagne la confiance du congrès avec seulement six voix d'écart et la motion Rocard l'emporte.» Michel Pezet témoigne d'une ambiance extrêmement tendue. Philippe San Marco est repoussé à l'entrée, Gaston Defferre lui-même est bousculé par le service d'ordre, l'adjoint René Olmeta est jeté à terre et perd connaissance… «Par la suite, nous nous rendons aux États-Unis avec Gaston pour préparer l'installation d'une grosse entreprise dans la zone de l'étang de Berre. Le séjour est agréable, je me souviens que Defferre était charmant. Il y avait deux Defferre, le Defferre de Paris était à l'écoute, détendu, souriant, le Defferre de Marseille était froid et cassant.»

On est loin du climat de guerre qui sera décrit par la suite lors de la soirée à la fédération, même s'il est clair que Defferre, *in petto*, ronge son frein devant les ambitions de Michel Pezet. La situation bascule lorsqu'un article du *Monde* intitulé «Le déclin de la maison Defferre[2]» paraît. «Edmonde me convoque et me demande de faire pression sur *Le Monde*, ce que je refuse», explique encore Michel Pezet. Arrive donc

1. François Bernardini prend par la suite la présidence du conseil général des Bouches-du-Rhône et sera condamné pour une série de malversations financières autour de la commune d'Istres dont il est maire depuis 2008 et du syndicat intercommunal. Le PNF enquête depuis 2019 sur la gestion de certains marchés publics dans le cadre d'une information judiciaire ouverte pour association de malfaiteurs.

2. Michel Kajman, *Le Monde*, 1er octobre 1985.

en mai 1986 cette réunion du comité directeur fédéral chargé d'arbitrer le duel entre rocardiens qui soutiennent Pezet et chevènementistes qui soutiennent Defferre. « La réunion ne s'est pas déroulée dans un climat de tension particulière. Defferre était un peu grinçant comme à son habitude, et me glissait à l'oreille : "Je vais gagner." » Mais Pezet parvient finalement à imposer son ami Vidal. Certes, Defferre a perdu la fédération, mais il conserve un poids politique rare. On doit entre autres à cet homme d'État respecté, quatre fois ministre sous la IVe République, deux fois sous la Ve, la loi sur la décentralisation. Ce maire craint est aussi entouré de nombreuses zones d'ombre.

Michel Pezet, satisfait de sa victoire, se rend au port pour boire un café, puis rentre chez lui après cette dure journée. À 3 heures du matin, il reçoit un appel qui lui annonce la mort de Gaston… En fait, elle ne sera officialisée que vingt-quatre heures plus tard, après son hospitalisation dans le service de neurochirurgie de l'hôpital de la Timone. D'après Michel Pezet, concerné au premier rang par cette affaire, ce décès résulte d'un très mauvais concours de circonstances. Rentré chez lui, Gaston Defferre se serait dirigé vers une large fenêtre qu'il aurait eu quelques difficultés à ouvrir. Il aurait alors glissé en arrière en tirant violemment sur l'espagnolette, sa tête heurtant le coin d'une table. Il se serait mis à saigner.

Première erreur : au lieu d'appeler directement les marins-pompiers, le maire contacte le frère de Philippe San Marco, médecin réputé qui se rend à l'appartement marseillais. Faute de réponse, ce dernier pense que

Defferre se trouve en réalité dans son autre résidence, proche d'Aix-en-Provence. Le praticien s'y rend, constate son absence et comprend sa méprise. L'heure tourne, des minutes fatales s'égrènent. Quand on parvient enfin à ouvrir la porte de l'appartement marseillais, Defferre se trouve dans le coma. Son transfert dans le service de neurologie du professeur Vigouroux ne change rien au scénario fatal. Michel Pezet tenait à rétablir cette vérité historique qui met à mal cette fable relayée par les médias : il n'a pas « tué » Defferre.

Vient l'heure de l'élection du successeur à l'hôtel de ville et Michel Pezet est clairement marginalisé. L'adjointe Irma Rapuzzi passe spontanément l'écharpe au cou de Robert Vigouroux qui prend les clés de la ville. Le chirurgien est un homme assez fermé, peu chaleureux, mais qui a compris qu'il fallait inventer autre chose.

Du sang sur les blouses blanches

Tout semble aller pour le mieux pour Robert Vigouroux. Élu maire en remplacement de Gaston Defferre, il tient son rôle de bon soldat du PS jusqu'à ce qu'il s'en écarte de façon spectaculaire aux municipales de 1989. Et la stratégie fonctionne. Sorte de Macron avant l'heure, le candidat occulte les clivages droite-gauche, construisant une ville gouvernée par la société civile. Il crée une sorte de *think tank*, comme on dit aujourd'hui, le Groupe d'action économique et sociale (GAES), qui se veut un laboratoire d'idées neuves pour la ville. Le résultat est au-delà de ses espérances : Vigouroux balaye tout sur son passage, arrivant en tête dans les huit secteurs de la ville. Il est maître des lieux, quand s'abat sur lui une tempête inattendue dont il ne se relèvera pas.

Nous sommes le 16 décembre 1990. L'auteur travaille alors au quotidien *La Marseillaise* et il n'oubliera pas de sitôt cette journée. Couvrant l'actualité criminelle et judiciaire, il s'est rendu au palais et à l'Évêché, le commissariat central, pour alimenter ses pages de récits ordinaires. Les choses basculent en début de soirée. Un assassinat intervient dans un centre de post-cure du quartier de la Pointe-Rouge. Un truand corse est victime d'un règlement de comptes. La folle soirée ne s'arrête pas là. Il est environ minuit quand le logiste de *La Marseillaise* traverse en courant le cours D'Estienne-d'Orves pour pénétrer dans la petite pizzeria où l'auteur se restaure. La fourchette reste sur la table : Jean-Jacques Peschard, maire des 13e et 14e arrondissements, vient d'être assassiné. Que la nuit a été longue et la pizza, difficile à digérer…

Commence alors l'une des sagas criminelles dont la ville a le secret. Peschard, par ailleurs adjoint à la mairie centrale, était très proche de Robert Vigouroux. Chirurgien comme lui, il opère dans les nombreuses petites cliniques, souvent familiales, qui parsèment la cité. Notamment la clinique Florens, un établissement appartenant à un certain Jean Chouraqui. Hâbleur, sympathique, bruyant, un peu trop voyant peut-être, celui que l'on surnomme Chou est présenté comme le petit roi des cliniques à Marseille, ou tout du moins aspire-t-il à le devenir. Le petit Juif pied-noir a une gouaille sans pareille, parle fort et tente de bâtir son empire car il sait que le secteur de l'hospitalisation privée marseillaise est en train de devenir une manne considérable. De nombreux patients venus de l'étranger, notamment Italiens, font tourner les lits et les factures. Les cliniques, c'est un business, comme l'a compris un concurrent, Philippe Maouad, qui a développé un véritable hôpital privé avec du matériel ultramoderne, l'établissement Clairval. L'heure est à la concentration des lits au détriment des petites structures d'antan. Chouraqui veut être de la partie. Lui aussi espère créer son grand complexe.

Les événements de ce 16 décembre 1990, dans le quartier de Sainte-Marthe, s'inscrivent dans ce contexte très affairiste[1]. La victime a été abattue par un tireur muni d'un fusil de chasse à la sortie du restaurant le Refuge. Elle venait de prendre place à bord de sa BMW. Les policiers relèvent que le maire adjoint du secteur, Armand Gallo, médecin lui aussi, a organisé ce repas auquel participaient les élus de l'arrondissement. Une belle soirée au menu de laquelle étaient proposés salade de tomates et gigot. L'ambiance était détendue. Gallo, un ancien du RPR passé chez Vigouroux, fait rapidement figure de suspect numéro un. L'arrestation du tueur présumé, un certain Roger Mémoli, et de son complice, Marcel Long, permet de retracer un scénario incroyable dont Gallo, par ailleurs membre d'une loge maçonnique – tout comme Peschard –, serait

1. « Après l'assassinat du docteur Jean-Jacques Peschard, Marseille entre ses rumeurs et des démons », *Le Monde*, 19 janvier 1990.

l'instigateur[1]. Gallo affirme que ce guet-apens était à l'origine destiné à effrayer Jean-Jacques Peschard afin que celui-ci se retire du conseil municipal, Gallo devenant éligible et susceptible de prendre sa suite. Mémoli affirme quant à lui avoir voulu « rendre service » après avoir entendu une conversation où Gallo souhaitait être débarrassé de Peschard.

Étrange personnage que ce Jean-Jacques Peschard qui multiplie les conquêtes féminines et les expériences sexuelles dans un climat un peu glauque. Il sera par ailleurs inquiété après la disparition de sa maîtresse, Christine Barras, dont personne n'a jamais retrouvé la trace… La fouille de son jardin ne donnera rien, mais l'enquête révélera que Christine a souvent accompagné Jean-Jacques Peschard pour déposer de l'argent en Suisse. Dans ce monde des chirurgiens des années 1990, les dessous-de-table versés en espèces sont la règle. L'activité est plus que lucrative. Mais l'arrestation de Mémoli ouvre d'autres pistes, notamment l'élucidation de l'assassinat, deux ans plus tôt, du propriétaire de la Polyclinique nord, un certain Léonce Mout. La fille de ce dernier, qui a pris sa succession, soupçonne en effet depuis le début Jean Chouraqui d'avoir fomenté ce meurtre après que Léonce a refusé de lui céder son établissement.

L'arrestation de Mémoli semble étayer le dossier d'accusation puisqu'il reconnaît à son tour avoir tiré deux décharges de fusil de chasse sur Léonce Mout.

1. Jacques Derogy et Jean-Marie Pontaut, *Enquête sur les ripoux de la côte*, Paris, Fayard, 1991.

Mémoli explique avoir été embauché comme brancardier par l'intermédiaire de Marc Galeazzi, le directeur administratif de la Polyclinique nord, lui aussi en conflit avec Mout, dont la personnalité détonne dans le monde des cliniques marseillaises[1]. Ancien garagiste, il n'est guère apprécié par la profession. Mais Galeazzi n'est pas seul en cause : revoilà Armand Gallo qui a suggéré le nom de Mémoli à... Galeazzi. Pierre angulaire de l'affaire, ce dernier désigne Chouraqui comme commanditaire de l'assassinat de Léonce Mout avant de se rétracter plusieurs mois plus tard dans une longue lettre. Quant à l'exécution de Peschard, le donneur d'ordre était Armand Gallo[2].

***

Très vite, l'affaire glisse sur le terrain politique, à l'initiative du député communiste Guy Hermier. Profitant du trouble créé par l'assassinat de Peschard, ce dernier n'hésite pas à souligner les liens supposés de Robert Vigouroux avec le dictateur panaméen Manuel Noriega : la Société des eaux de Marseille (SEM) aurait obtenu plusieurs marchés au Panama après un voyage de l'édile marseillais. Noriega serait lui-même venu à Marseille à plusieurs reprises. Soupçonné de blanchir

1. Jean-Michel Dumay, « La guerre des cliniques marseillaises à l'heure des comptes », *Le Monde*, 29 novembre 1994.

2. Durant le procès qui se tient en 1994 devant la cour d'assises des Bouches-du-Rhône, l'auteur est pris à partie par la famille d'Armand Gallo pour avoir titré son article au sujet de la réunion organisée par l'accusé au restaurant le Refuge, paru dans les colonnes de *La Marseillaise*, « Le repas de Judas ».

l'argent du narcotrafic, Noriega fait l'objet d'une instruction en France. Interrogé par le juge Fievet dans sa prison de Miami, le dictateur déchu, qui entretient des liens étroits avec Pablo Escobar, déclare connaître « les plus hauts dirigeants français[1] ». Pour les communistes, il semble donc évident que l'argent de Noriega alimente les caisses opaques des cliniques marseillaises.

Dans ce scénario, le maire est considéré comme la clé de voûte de cette infiltration de l'argent de la drogue dont aurait bénéficié Jean Chouraqui. Chou ne possède-t-il pas un compte dans une agence de la BNP de Marseille qui abrite également un compte de la fille de Noriega ? Et l'homme n'a-t-il pas financé la campagne de Robert Vigouroux ? Le rouge est mis lors d'une séance surréaliste du conseil municipal qui se tient le 2 février 1990. Une tension extrême règne dans la salle. Guy Hermier se lève, invective Robert Vigouroux qui tire nerveusement sur son éternel cigarillo : « Pour soutenir votre campagne, Chouraqui, caïd des banques, a tiré deux chèques sur le compte de ses cliniques. Ce qui constitue en soi un abus de biens sociaux. Par la suite, il a été désigné comme l'un de vos grands électeurs. [...] Quand on fait appel à des affairistes, on ne doit pas s'étonner de se retrouver avec des affaires sur les bras. » L'attaque est frontale : « Vous êtes allé au Panama conclure un contrat pour le compte de la SEM. Est-ce le seul contrat que vous avez passé avec Noriega ? » Fait rare, Robert Vigouroux sort de ses gonds. Il invective

1. Jean-Michel Caroit, « Manuel Noriega et la France, une longue histoire », *Le Monde*, 31 mai 2017.

à son tour Guy Hermier : « Allez jusqu'au bout de votre pensée, monsieur Hermier. Ayez du courage, soyez franc ! »[1] L'auteur assiste, ébahi, à cet échange incroyable. Le conseil municipal est au bord de l'implosion.

À l'époque, nombreux sont ceux qui souhaitent la démission de Robert Vigouroux, d'autant que, les mois suivants, de terribles dissensions naîtront au sein du conseil municipal. Un adjoint au maire chargé de la communication démissionne pour cause de conflit d'intérêts ; l'adjoint à l'économie menace lui aussi de partir ; Robert Vigouroux a les plus grandes difficultés à tenir sa majorité. Par ailleurs, d'insistantes rumeurs lui prêtent une mauvaise hygiène de vie... L'exercice de la fonction s'en trouverait affecté. Malgré ce climat assez délétère, le maire est parvenu à maintenir son cap. Nombreux sont ceux qui, encore aujourd'hui, rappellent l'excellent bilan de cet édile atypique. Robert Vigouroux a lancé les grands projets qui sont aujourd'hui en cours à Marseille, notamment le lancement de l'opération d'aménagement Euromed dans le secteur de la Joliette et du 3e arrondissement. Il a également « nettoyé les services de la mairie », ce qui lui vaut certaines inimitiés, notamment de la part des communistes. Mais le fait est acquis : Robert Vigouroux n'est pas moulé pour la politique marseillaise et ses arcanes obscurs.

---

1. Jacques Derogy et Jean-Marie Pontaut, *Enquête sur les ripoux de la côte*, *op. cit.* L'auteur est présent dans la salle du conseil municipal ce jour-là.

Le dossier des cliniques refermé avec tous ses sous-entendus, il ne reste qu'à juger les mis en cause. Après de longs mois d'incarcération et la faillite de ses cliniques, Jean Chouraqui est acquitté par la cour d'assises des Bouches-du-Rhône alors que Gallo, Galeazzi, Mémoli et Long n'échappent pas à la sanction[1]. Chou, qui a tout perdu dans cette affaire, confiera à plusieurs reprises à l'auteur son amertume. Il lui révélera que son acquittement n'a tenu qu'à un cheveu, en l'occurrence la voix d'un seul juré qui a fait basculer le verdict. Sans doute lassé par les attaques, les trahisons et les coups bas, Robert Vigouroux a choisi de tourner la page et de ne pas se représenter aux élections de 1995. Il ouvre la porte à celui qui, depuis une bonne vingtaine d'années, attend son heure : Jean-Claude Gaudin.

Gaudin à la conquête de Marseille

L'élection de 1995 ouvre toutes grandes les portes de la mairie à Jean-Claude Gaudin, qui a longtemps rongé son frein dans l'ombre de Gaston Defferre. L'ancien professeur d'histoire-géographie conserve toutefois une forme d'admiration pour son adversaire politique. Pour preuve, quand il débarque dans son bureau avec cette

1. Le 16 décembre 1994, Roger Mémoli écope de la réclusion criminelle à perpétuité devant la cour d'assises des Bouches-du-Rhône pour les deux assassinats. Armand Gallo est condamné à quatorze ans pour avoir commandité l'assassinat de Jean-Jacques Peschard, et Marc Galeazzi, de la même peine pour celui de Léonce Mout (« Jean Chouraqui a été acquitté dans l'affaire des cliniques marseillaises », *Libération*, 17 décembre 1994).

vue unique sur le Vieux-Port et l'église de la Bonne-Mère en toile de fond, Gaudin n'a qu'un souci : reconstituer les lieux tels qu'ils étaient du temps de Gaston, avec leur côté désuet[1]. Seul le fauteuil, dans lequel il faut rentrer l'imposant gabarit du nouvel édile, est changé. Vigouroux, quant à lui apôtre du style contemporain, avait tout modifié.

D'abord allié de Defferre et représentant fréquentable de la droite, Jean-Jacques Gaudin est issu du courant traditionaliste et catholique, proche des milieux de l'Opus Dei – il reconnaîtra lui-même une certaine proximité avec l'organisation[2]. Mais, pour prendre le leadership du parti, il lui faut franchir plusieurs obstacles, notamment le camp gaulliste qui, dans les années 1960-1970, constitue une force politique majeure. Il dispose en outre d'un allié obscur, le fameux Service d'action civique (SAC) créé par Paul Comiti, garde du corps de De Gaulle, Charles Pasqua et Pierre Debizet. Mais l'âme du SAC, c'est Jacques Foccart, l'homme des réseaux africains. Quant à Pasqua le Marseillais, ancien directeur commercial de la société Ricard, il a toujours gardé un œil sur la ville. Fondé pour contrer l'OAS qui multiplie les attentats en Algérie et en France, le SAC, sorte de police parallèle, est principalement affecté aux campagnes électorales et aux

1. Confidence recueillie par l'auteur auprès de Janine Écochard, ex-députée et vice-présidente du conseil général des Bouches-du-Rhône.

2. Dans une interview au *Point* le 3 décembre 2011, Jean-Claude Gaudin, s'il dément en être membre, reconnaît que l'organisation compte « des gens de valeur » (Denis Demonpion, « Je ne veux pas mourir en scène comme Molière »).

meetings. Ces défenseurs de l'ombre du gaullisme entretiennent des contacts plus que douteux avec des membres influents du milieu si l'on en croit un témoin privilégié des activités de l'organisation à l'époque. « À Marseille, le SAC tient une permanence dans une table d'hôte de la rue Nau. On peut y croiser des personnalités, comme le prince Hohenzollern, et des truands. Beaucoup de policiers aussi sont membres du SAC. Certaines réunions se tiennent dans les quartiers sud, au Château des fleurs[1]. »

Dans les années 1970, le patron marseillais, un certain Yves Destrem, a quelques difficultés à tenir ses troupes. « Je me souviens qu'à Paris on devait monter un escalier en colimaçon pour accéder à l'état-major de l'organisation, raconte celui qui a beaucoup flirté avec l'organisation sans pour autant en être membre. La droite à Marseille n'est pas historiquement gaulliste, même si la ville a été dirigée par les gaullistes de 1946 à 1952. Gaston Defferre fait alliance avec la droite traditionnelle représentée par des personnages comme Théo Lombard ou Jacques Rastoin[2]. » Notre témoin a accompagné l'ascension de Jean-Claude Gaudin, qui s'est surtout attaché, selon lui, à laminer les rivaux potentiels. D'abord Joseph Comiti, médecin et ancien ministre, désigné comme le référent du parti gaulliste à Marseille ; puis, Maurice Toga, le doyen de la faculté de médecine. Joseph Comiti a été propulsé patron des gaullistes locaux par son cousin Paul en 1968. Mais, n'assumant

1. Rencontres avec l'auteur, octobre et décembre 2021.
2. *Ibid.*

pas réellement son rôle, il a à son tour poussé sur le devant de la scène des personnalités controversées comme Hyacinthe Santoni. La droite gaulliste cumule les échecs aux élections, notamment aux municipales de 1983. Peu à peu, Gaudin s'installe aux commandes de la droite en s'imposant dans un fief gaulliste, le deuxième secteur. La tâche de Gaudin est d'autant plus aisée que les gaullistes sont par ailleurs affaiblis après l'affaire de la tuerie d'Auriol[1].

Deux personnages importants apparaissent dans cette conquête du pouvoir : Guy Teissier et Jean Roatta. Les fantassins de Gaudin écument le terrain pour tracer la route de celui qui gravit les échelons au fil des scrutins. Gaudin connaît sa première grande consécration locale lorsqu'il accède à la présidence de la région Paca en 1986. Il avait auparavant gagné la bataille de Paris en atteignant la députation à la fin des années 1970 et la présidence du groupe UDF à l'Assemblée. Guy Teissier connaîtra lui aussi une carrière politique de premier plan, puisqu'il dirigera la Commission de la défense à l'Assemblée nationale. Par la suite, il s'opposera fréquemment à Jean-Claude Gaudin, qui s'installe à la mairie en 1995 et dont il devient le principal rival.

1. Dans la nuit du 18 au 19 juillet 1981, le chef de la section locale du SAC à Marseille, Jacques Massié, est assassiné avec cinq proches, dont un garçon de 7 ans. Les membres de l'organisation impliqués le soupçonnent de vouloir trahir leur cause. L'affaire prend une tournure clairement politique. Un an plus tard, le SAC est dissous.

Scandale au conseil régional

Rien ne semblait pouvoir perturber l'irrésistible ascension de Jean-Claude Gaudin quand survient une première affaire qui va profondément marquer l'homme politique. Nous sommes le 24 septembre 1991. Un chef d'entreprise du nom de Richard Granier dénonce auprès des gendarmes de Mougins (Alpes-Maritimes) les agissements frauduleux de trois individus : Pierre Cervera, fonctionnaire des services fiscaux à Marseille ; Fernand Saincené, vacataire au conseil régional ; et un garagiste, marseillais lui aussi, Albert Bensoussan. Richard Granier explique que les trois hommes auraient tenté de lui soutirer 1 million de francs sous prétexte de lui éviter un contrôle fiscal. L'enquête démontre que le trio a rackketté d'autres personnes, dont un garagiste marseillais dénommé Barugola, ainsi que le propriétaire de trois cliniques dans la zone de l'étang de Berre, Pierre Quilici. Cette affaire de racket fiscal sera jugée en mai 1994 et les principaux suspects, condamnés, à l'exception de Fernand Saincené, qui refuse de comparaître. Son corps, ainsi que celui de son frère, est retrouvé sans vie dans le Var quelques jours après la fin du procès. S'il est d'abord question d'un double suicide, très vite, l'affaire Saincené se transforme en une véritable énigme criminelle.

Ce qui n'était au départ qu'une glauque affaire de droit commun devient un dossier très politique mettant en première ligne Claude Bertrand, directeur de cabinet et proche de Jean-Claude Gaudin. Autant Gaudin aime le contact, plaisanter, jouer de ses rondeurs méridionales, autant Bertrand apprécie l'ombre et son rôle d'éminence grise ou noire, c'est selon. Les relations troubles du directeur de cabinet avec Fernand Saincené sont dévoilées au grand jour. Au fil de l'enquête, on apprend en effet que Saincené occupait un emploi fictif, tout d'abord à l'Office de la mer, puis au parc du matériel. Richard Granier étant domicilié à Mougins, c'est un juge de Grasse, Jean-Pierre Murciano, qui conduit une instruction assez controversée, car manifestement ciblée de manière à déstabiliser le conseil régional et son président. On dit alors Jean-Pierre Murciano proche d'intimes de Bernard Tapie. Quelles que soient les arrière-pensées, Fernand Saincené alimente les soupçons du juge Murciano au sujet des fonctions qu'il prétend avoir au conseil régional, notamment sur son rôle d'espion des adversaires politiques de Gaudin dont, évidemment, l'homme qui commence à monter à Marseille : Bernard Tapie[1]. Adoubé par Gaston Defferre pour reprendre en main l'Olympique de Marseille en 1986, choyé par François Mitterrand, Tapie ambitionne dans un premier temps de ravir le conseil régional à Gaudin lors des élections de 1992.

Cette affaire au parfum de scandale, qui éclate à quelques mois des élections régionales, est fort embarrassante pour le clan Gaudin, d'autant que d'autres accusations sont portées par certains protagonistes sur des connexions entre le dossier du racket fiscal et les finances du PR local. Bien que ces accusations n'aient pas été étayées par la suite, elles sont parvenues à semer

1. Réquisitoire de non-lieu partiel et de renvoi devant le tribunal correctionnel du 22 septembre 1993, N°A 93/01990.

le trouble[1]. La situation de Claude Bertrand est par ailleurs fragilisée par le fait qu'il a signé une série de faux ordres de mission adressés à Fernand Saincené en imitant la signature du président, une pratique apparemment assez répandue… L'étau se resserre autour du proche de Jean-Claude Gaudin.

***

L'offensive menée par le juge Murciano est particulièrement intrusive. Une perquisition est menée au siège du conseil régional sous les caméras, des documents sont saisis. Claude Bertrand est incarcéré pendant plusieurs jours. Quant à Jean-Claude Gaudin, il est lui aussi mis en examen pour avoir couvert l'emploi fictif de Fernand Saincené, un homme dont il reconnaîtra plus tard avoir validé l'embauche. C'est le deuxième niveau du dossier : la proximité de Jean-Claude Gaudin avec celui qui se promène avec deux fausses cartes, l'une de commissaire de police et l'autre de commandant de la Direction générale de la sécurité extérieure (DGSE). Un gyrophare et une arme seront d'ailleurs saisis dans la Renault 25 du suspect lors de son interpellation. Plus grave, douze armes de gros calibre sont saisies à son domicile ainsi que des disquettes où figurent des informations – au demeurant assez anodines – sur des joueurs de l'OM. Comment expliquer les liens entre Saincené et le maire, quand ce dernier en vient même à dédier l'un de ses ouvrages au premier : « À Fernand

1. *Ibid.*

Saincené, avec l'assurance de toute mon amitié[1] » ? Le chauffeur de Jean-Claude Gaudin, Patrick Chokroun, explique que Saincené, dès 1983, « était responsable de la sécurité dans les meetings, il avait en charge une équipe et travaillait pour la campagne municipale [...] de M. Gaudin Jean-Claude. Fernand avait une quinzaine d'hommes sous ses ordres[2] ». Cette année-là, Gaston Defferre est réélu grâce au redécoupage des circonscriptions alors que Jean-Claude Gaudin arrive en tête des voix. Un mystère de plus.

***

De très nombreuses interrogations entourent le personnage de Saincené, qui aurait gravité au sein du SAC et participé à quelques structures occultes comme Les Invisibles, une association d'anciens des services de renseignements. Conjointement, il a dirigé près du Vieux-Port une discothèque au nom ésotérique, le « 3-14/116 », où défile le milieu local et où quelques politiques viennent chercher des filles. Fernand, qui n'est pas un enfant de chœur, entre en rupture totale avec le clan Gaudin dont il se sent lâché. Le vacataire affirme détenir des informations très sensibles sur le financement du parti républicain[3]. Peu avant sa mort, il adresse une lettre au juge rennais Renaud

1. Jean-Claude Gaudin, *La Gauche à l'imparfait*, Paris, France-Empire, 2018.
2. PV 2602-91, Brigade territoriale de Mougins, 18 décembre 1991.
3. Hervé Gattegno, « Le juge Halphen a reçu une copie du dossier Saincené », *Le Monde*, 25 janvier 1995.

Van Ruymbeke. Le magistrat enquête précisément sur les finances du parti. Un rendez-vous est programmé début mai 1994, alors que s'ouvre le 5 le procès de racket fiscal auquel Saincené refuse de participer. Le 2 mai, les frères quittent leurs proches pour se rendre, chacun à bord de son véhicule, vers la villa Jasmine à Tourtour.

Le 12 mai, le gendre de la propriétaire des lieux, inquiète de n'avoir aucune nouvelle de ses locataires, se présente à la villa. Il constate que l'accès du garage est bloqué par un véhicule. Quant à la porte d'entrée, elle est coincée de l'intérieur, les clés de la maison étant retrouvées, elles, à l'extérieur. Un vrai « mystère de la chambre jaune ». Les arrivants parviennent péniblement à déplacer le véhicule garé devant la porte du garage. Ils découvrent les corps de Christian et Fernand Saincené assis à l'avant d'une Peugeot 106 comme des pantins, sanglés de leur ceinture de sécurité. Un long tuyau raccorde le pot d'échappement à l'habitacle. À première vue, les victimes sont décédées après avoir inhalé l'oxyde de carbone produit par la voiture. Plusieurs éléments permettent cependant de douter qu'il s'agit d'un suicide double, notamment des taches de sang évoquées par un pompier lors de la découverte des corps et, plus étrange encore, l'absence de traces de monoxyde de carbone dans le sang des victimes. Compte tenu de tous ces éléments et de la personnalité de Fernand Saincené, la thèse d'un double assassinat maquillé en suicide mérite d'être prise en considération. Deux équipes distinctes de gendarmes vont travailler sur les deux thèses, l'une sur le suicide, l'autre sur l'assassinat.

La justice conclut finalement à un double suicide mis en scène par Fernand Saincené bien que la thèse, encore une fois, soit contredite par plusieurs éléments matériels[1]. Des informations sérieuses font par ailleurs état de contacts entre les frères Saincené et la députée Yann Piat, assassinée à Hyères le 25 février 1994. Celle-ci semblait détenir elle aussi de précieuses informations sur les financements de la droite dans la région. Elle menaçait de les dévoiler, élément qui éclaire d'un jour nouveau le mobile de son assassinat[2].

Pour revenir au dossier du conseil régional, on notera que Claude Bertrand a finalement bénéficié d'un non-lieu de la cour d'appel d'Aix-en-Provence alors que le procureur général avait requis son renvoi devant un tribunal correctionnel pour « infraction à la législation relative à l'informatique, aux fichiers et aux libertés[3] ». Le même magistrat requiert son renvoi pour avoir embauché à titre fictif Saincené et signé 318 ordres de mission « bidon », « manœuvres frauduleuses ayant entraîné remise de fonds (versement de salaires et

1. Cette thèse de l'assassinat des frères Saincené est développée par l'auteur dans deux ouvrages, dont *L'Affaire Yann Piat. Retour sur une manipulation* (Paris, Privé, 2006). Elle est par ailleurs reprise avec un certain nombre de révélations par le journaliste Roger-Louis Bianchini dans *13 mystères de la côte*, Paris, Fayard, 2005.

2. Officiellement la députée a été assassinée par la bande dite du Macama, du nom d'un bar du port d'Hyères. Son patron, Gérard Finale, est présenté comme le commanditaire. Il est condamné à la réclusion criminelle à perpétuité et décède en détention à la suite d'une intervention chirurgicale (Alain Léauthier, « Le procès de l'affaire Yann Piat. Perpétuité pour Ferri et Finale. Les jurés ont suivi les réquisitions de l'avocat général », *Libération*, 17 juin 1998).

3. Réquisition de non-lieu partiel et de renvoi devant le tribunal correctionnel, chambre d'accusation, 22 septembre 1993, n° A 93/01990.

remboursement de frais fictifs à Saincené) et avoir par ce moyen escroqué la fortune du conseil régional[1] ». « Escroqué la fortune du conseil régional » ? Beaucoup s'étonneront de cette décision judiciaire de double non-lieu rendue par la suite pour Jean-Claude Gaudin et son collaborateur. Pour certains, n'est-ce pas le signe de contacts très (trop ?) étroits avec l'institution judiciaire[2] ? L'affaire Saincené se referme sur ses mystères.

Les amitiés particulières

La saga des quatre mandats de Jean-Claude Gaudin à la tête de la ville de Marseille demeure marquée par des épisodes étranges qui laissent un goût amer à bien des proches de l'élu. L'une des relations les plus conflictuelles est à n'en pas douter celle qu'entretient le maire avec Renaud Muselier, longtemps considéré comme le dauphin légitime de cette figure de la vie politique. Élu dès 1995, le petit-fils de l'amiral Muselier, une figure du gaullisme, est par ailleurs neurologue et propriétaire de cliniques. C'est un notable. Il semble promis aux plus hautes fonctions dans la cité, d'autant que face à lui la concurrence ne se bouscule pas au portillon. 2008 s'annonce comme l'année Muselier, puisqu'il vient de gagner les municipales aux côtés de son mentor en politique. Mais rien ne va se passer comme prévu. Contrairement à tous les pronostics et à une juste

1. *Ibid.*
2. Voir à ce propos l'affaire de la disparition d'Edmond Goubert, *infra*, chapitre 4, p. 195.

équation des voix, le dauphin, promis à la présidence de la communauté urbaine (CUM), coule au milieu du Vieux-Port alors que le socialiste très consensuel Eugène Caselli est élu.

Assis dans son grand bureau du conseil régional, Renaud Muselier se remémore cette période qui marque pour lui le début d'une vraie traversée du désert. Nous sommes un samedi matin, jean, baskets, décontraction sont de mise et pieds sur table basse : « Je tiens à revenir plus globalement sur le contexte politique. Le premier mandat de Gaudin est conquérant, il place aux commandes des gens compétents comme l'adjoint aux finances Jean-Louis Tourret. La tâche est d'autant plus facile que Robert Vigouroux a fait le ménage en amont en nettoyant l'administration municipale, ce qu'il paiera cher d'une certaine manière. Le deuxième mandat de Gaudin suit le premier, mais tout se gâte avec ce troisième mandat annonciateur d'un véritable calvaire. Et ce qui devait arriver arriva, nous assistons à un véritable hold-up politique pour l'élection à la présidence de la communauté urbaine en avril 2008. En théorie, nous avions dix-sept voix d'avance et à la sortie nous nous apercevons que des maires ont renié leur soutien initial. J'avais pourtant procédé à une tournée des édiles du département assez sereine, sans ressentir toutes ces failles. Je reçois des messages d'alerte mais je n'y prête pas assez attention. Je suis informé que Jean-Noël et Alexandre Guérini se livrent à un lobbying acharné contre moi et que des élus sont avides de subventions du conseil général et donc sensibles aux arguments. »

Pour Renaud Muselier, ce chantage aux subventions n'est qu'une explication parmi d'autres. La faille serait venue de son propre camp et de l'entourage direct de Jean-Claude Gaudin ; un épisode qui en dit long sur la mentalité politique à Marseille et sur les tiraillements au sein de la droite. « J'apprends avec étonnement que Gaudin aurait dit : "On ne va tout de même pas lui dérouler le tapis rouge." Si je résume, ils voulaient que je sois élu, mais que cela ne soit pas un triomphe... Alors ils ont décidé de m'affaiblir », explique encore Renaud Muselier. Le faire gagner, mais pas trop. « Nous avons eu plusieurs réunions de groupe houleuses après cette défaite, mais la véritable explication de texte se déroule à la mairie, dans le bureau de Gaudin. Quatre personnes sont présentes : le maire, Claude Bertrand, et deux membres du cabinet. L'échange avec Claude Bertrand est musclé. J'ouvre les hostilités et le fixe : "Si j'ai la preuve que tu es derrière tout ça..." Bertrand me répond : "Tu racontes partout que je suis derrière cette histoire. Je te garantis que je n'y suis pour rien." Le ton monte, je lui dis que je ramènerai les preuves. Avec le recul, je pense que celui qui tirait les ficelles était un membre du cabinet. » Renaud Muselier décrit donc une stratégie assez folle qui témoignerait des failles de l'équipe à la tête de la mairie.

***

Une autre lecture existe : le jour de l'élection du président se serait noué un pacte entre Jean-Claude Gaudin et l'explosif Jean-Noël Guérini. Un pacte ô combien toxique pour la vie politique locale. Lors de la séance de la CUM du 9 novembre 2009 consacrée au traitement des déchets, le battu se lève et jette sur le bureau du PS Eugène Caselli, poulain de Guérini, élu en lieu et place du candidat de droite promis à ce poste, un exemplaire du livre *Gomorra*[1], lequel le prend et le projette à son tour au sol[2]… Une réunion assez théâtrale qui marque le début de la guerre ouverte entre Renaud Muselier et les Guérini. Muselier essuiera ensuite des menaces de la part du clan d'en face, y compris sur le plan physique. Dès cette époque, l'affaire de favoritisme, de corruption et de détournement de fonds publics qui sera à l'origine de la condamnation des deux frères[3] monte en puissance. En parallèle, la silhouette d'un membre influent du milieu fait surface dans le dossier, un certain Bernard Barresi[4]. Et Renaud Muselier se fait l'écho de ces relations sulfureuses, d'où une haine viscérale pour ce dernier[5].

Avec le recul, Renaud Muselier dresse un constat mi-figue mi-raisin des années Gaudin, même s'il garde une profonde affection pour celui qui l'a porté sur les fonts baptismaux de la politique marseillaise : « C'est un homme exceptionnel et attachant », dit-il. On peut rétorquer que tout le monde n'est pas d'accord… Le fils critique aujourd'hui tout de même le père. Il lui

1. Roberto Saviano, *Gomorra*, Paris, Gallimard, 2009.
2. Karine Portrait, « Crise des déchets : Muselier accuse Caselli d'avoir cédé à la mafia », *La Provence*, 9 novembre 2009.
3. Voir chapitre 1.
4. Jean-Michel Verne, *Main basse sur Marseille et… la Corse*, *op. cit.*
5. Renaud Muselier, *Le Système Guérini*, Paris, J.-C. Lattès, 2011.

reproche de s'être détaché de la ville, dont il aurait confié les commandes à une sorte de cabinet noir, dirigé par Claude Bertrand et comprenant des personnages comme Maurice Battin ou Jean Roatta. Roatta, souvenez-vous, le fidèle lieutenant qui, dès les années 1970, bat la campagne pour Gaudin. Toujours là, Roatta, quelles que soient les tempêtes. Mais Renaud Muselier le déplore, « aucune des actions entreprises n'a été menée jusqu'au bout ».

Le poids des syndicats, notamment FO, qui a profondément retardé le développement de la ville par ses exigences sur la réduction du temps de travail et la rémunération des agents, demeure la grande question pour Renaud Muselier. Il reproche aux différents adjoints de ne pas avoir fait leur boulot : « À Nice, Christian Estrosi fait son jogging le matin dans les rues de la ville. S'il remarque que quelque chose ne va pas, il le signale immédiatement. » À Marseille, les élus courent en fermant les yeux. « Plus largement, je constate d'un point de vue économique que la capacité d'action de la ville a été castrée par l'incapacité de mobiliser des fonds européens, contrairement à d'autres métropoles comme Lyon ou Bordeaux. »

***

Le socialiste Patrick Mennucci entend lui aussi rompre ces petits arrangements entre amis, briser cette ligne souterraine Gaudin-Guérini qui a gouverné la ville sur les deux derniers mandats. Colosse à la voix de stentor et aux fines analyses politiques, celui qui est toujours membre du Bureau national du PS a lui aussi été formé à l'école Guérini, avant de se détacher du maître. Son influence prendra une dimension nationale lorsqu'il dirigera la campagne de Ségolène Royal en 2007. Face à la menace de ce rival trop pressant, le duo Gaudin-Guérini se mobilise pour le faire battre. Mennucci est pourtant présenté comme favori par certains sondages. L'essoufflement des années Gaudin, le désintérêt manifeste de l'édile pour sa ville, sa lassitude aussi ouvrent la porte au candidat socialiste qui surfe sur son élection aux législatives de 2012. Mais la donne est complexe pour les municipales : « Tout au long de cette campagne, Guérini n'a cessé de chercher un accord avec Gaudin. Je ne suis pas en mesure de dire s'ils se sont ou non réunis autour d'une table, si les choses se sont formalisées ainsi, mais les faits sont là. Guérini a soutenu directement Solange Biaggi [candidate de la liste Gaudin] dans les 2e et 3e arrondissements. Et puis il y a eu le jeu trouble de l'écologiste Sophie Camard [aujourd'hui l'un des chefs de file du Printemps marseillais], sans parler de la candidature de Pape Diouf[1] dans le 13-14 qui, en se maintenant au second tour, a permis au FN Stéphane Ravier de battre le candidat de gauche. Diouf était soutenu à la fois par Guérini et Gaudin. » Patrick Mennucci témoigne de l'ambiance de l'époque au sein du PS : « La situation est très tendue, à tel point que Martine Aubry décide qu'il n'y aura pas de

1. Ce personnage était fort apprécié à Marseille. L'ancien agent de joueurs et président de l'OM est décédé du Covid en 2020. Il a beaucoup fait pour la promotion du football africain.

vote pour la députation dans les Bouches-du-Rhône.»[1] Pour les municipales, Samia Ghali s'accroche. Mennucci finit par remporter la primaire dans un climat de tension extrême au siège de la rue Montgrand[2].

Mais la victoire de Patrick Mennucci se mue rapidement en un véritable calvaire : «J'ai appris le cancer de ma femme Maud seulement vingt jours après mon investiture[3]. Elle était aussi ma conseillère avec beaucoup d'intelligence politique. Je partais donc avec un handicap psychologique terrible.» Durant cette campagne, l'homme semble parfois ailleurs, comme détaché de la situation. L'auteur a pu constater que le contact ne prenait pas avec la population. On comprend mieux pourquoi. Il avait pourtant marqué les esprits en plaçant sur sa liste comme future première adjointe une incorruptible, la magistrate Laurence Vichnievsky, ce qui apparaissait comme un «signe fort»[4]. Une incorruptible à Marseille ? C'est comme une galéjade, une mauvaise blague, un fantasme. «J'ai perdu l'élection parce que je voulais trop changer. Je voulais mettre un terme au fini-parti, à la domination de FO, je m'attaquais au domaine délicat du non-travail. Tout était dans mon programme, les trente-cinq heures au lieu de trente-deux, etc.» Le témoin dénonce ici cette pratique très marseillaise du fini-parti qui permet aux cantonniers ou aux éboueurs de quitter leur travail sans respecter les

1. Entretien avec l'auteur, 30 novembre 2021.
2. L'auteur est présent.
3. Elle décède quelques mois plus tard.
4. La magistrate s'est notamment illustrée dans l'affaire Elf aux côtés d'Eva Joly.

horaires légaux s'ils estiment eux-mêmes avoir terminé leur tâche. Ils s'autocontrôlent, en somme, ce qui ne peut que générer des abus, si l'on en juge par l'état de saleté de certains quartiers indignes d'une grande métropole. La formidable idée du fini-parti vient de Gaston Defferre, qui n'avait qu'un souci : se mettre les syndicats dans la poche.

Sur le terrain, les troupes de Gaudin et de Guérini, qui sont « main dans la main », s'affairent à démonter l'adversaire. Ils écument commerçants, clubs de sport, associations… Des équipes de Guérini collent des affiches pour le LR Dominique Tian au soir du premier tour. Mennucci boit la tasse dans son fief du 1-7 face au futur premier adjoint de Gaudin. Cette gifle électorale, qui demeure encore aujourd'hui douloureuse, explique une charge violente contre Jean-Claude Gaudin, à la mode marseillaise, sans craindre les mots : « Le problème de Marseille est d'avoir été dirigé par un "zombie". Jean-Claude Gaudin est quelqu'un de détestable. Je ne connais pas un maire de Marseille qui a été aussi mauvais. J'ai toujours refusé de dîner avec lui, de m'asseoir à sa table. Sous son côté pagnolesque se dissimule en réalité un homme profondément méchant[1]. » Notre témoin affirme en outre que Jean-Claude Gaudin n'aimait pas les Marseillais.

1. Entretien avec l'auteur, 30 novembre 2021.

Comptes et mécomptes

Après des années où Jean-Claude Gaudin semblait intouchable, passant entre les gouttes de l'affaire Saincené, puis de l'affaire de la Semader[1] – une société d'économie mixte chargée de rénover les lycées – alors que l'élu était à la tête de la région, voilà que plus aucune protection n'est en mesure de ralentir les investigations des gendarmes sur la gestion de la ville de Marseille. L'ancien maire reçoit en février 2021 la visite des enquêteurs qui perquisitionnent son domicile marseillais et sa résidence secondaire à Saint-Zacharie, dans le Var[2]. L'affaire dite des emplois fictifs, gérée par le PNF, a été révélée à la suite d'un rapport de la chambre régionale des comptes (CRC) remis fin 2019. Elle se décompose en deux volets. Le premier concerne l'octroi de quotas d'heures supplémentaires à certains services sans aucune justification, permettant à certains employés de la ville de s'enrichir. Ainsi, le PNF, dans un rapport de 149 pages[3], révèle que les chauffeurs des élus travaillent une semaine pour deux semaines de repos, mais sans poser de congés, cumulant par conséquent chaque mois des heures supplémentaires.

1. Suite à la plainte déposée par un élu socialiste sur les marchés de rénovation des lycées entre 1987 et 1995, une instruction est ouverte et aboutit à un fiasco judiciaire. Aucun élu ne sera inquiété (Marc Civalero, « Paca : relaxe dans l'affaire de la Semader », France 3 région.fr, 10 décembre 2014).

2. Annie Vergnenegre, « Marseille, une perquisition au domicile de Jean-Claude Gaudin », France 3 région.fr, 16 février 2021.

3. Jean Psoutis, « Cinq questions sur les emplois fictifs de la ville de Marseille et ce que risque Jean-Claude Gaudin », France TV région.fr, 4 décembre 2020.

L'enquête indique également que les employés du Samu social ne travaillent que dix jours par mois. Un deuxième volet porte sur l'emploi, au cabinet du maire, de collaborateurs qui ont largement dépassé la limite d'âge. À dire vrai, le cabinet ressemble plus à un Ehpad qu'à une structure de gouvernance rationnelle. Jean-Claude Gaudin récompenserait notamment d'anciens élus et des fidèles en leur faisant bénéficier d'indemnités rondelettes. Certains ont dépassé les 80 ans. La CRC relève que le coût pour le contribuable sur la période 2012-2017 se chiffre à… 5 millions d'euros[1]. Quant au PNF, il préconise le renvoi de Jean-Claude Gaudin devant le tribunal ainsi que de six cadres de la mairie dont la garde rapprochée : Claude Bertrand, Jean-Claude Gondard ou Jean-Pierre Chanal[2].

Ces supposés petits arrangements entre amis ne sont que la partie émergée de l'iceberg et démontrent déjà une gestion calamiteuse de la deuxième métropole de France. Ainsi, dans sa synthèse, la CRC se montre plutôt cinglante :

> La chambre avait pourtant déjà formulé, dans le cadre de ses précédents contrôles, des recommandations visant à corriger certaines anomalies dans la tenue des comptes de la ville, mais elles n'ont pas été suivies. Il en va ainsi de la nécessité de rattacher les charges et produits à l'exercice,

1. *Ibid.*
2. L'affaire pourrait faire l'objet d'un « plaider-coupable », procédure qui épargne la comparution en correctionnelle. Jean-Claude Gaudin est condamné le 22 mars 2022 à six mois de prison avec sursis et 10 000 euros d'amende. (Denis Trossero, « Affaire des heures supplémentaires fictives à la mairie de Marseille : Jean-Claude Gaudin condamné », *La Provence*, 22 mars 2022.)

d'améliorer le suivi des provisions, de cesser de comptabiliser des restes à réaliser insincères, de mettre fin aux défauts majeurs constatés dans le suivi des autorisations de programme et crédits et de disposer d'inventaires physiques et comptables fiables.

Ce réquisitoire, qui dénonce des méthodes douteuses, relève que l'addition est particulièrement salée pour le contribuable :

> La dette atteint ainsi 2023 euros par habitant à Marseille, ce qui est deux fois plus élevé que dans la moyenne des communes de taille comparable (1 139 euros) et les frais financiers qui en résultent (48,7 millions d'euros en 2017) sont plus élevés que le cumul des frais financiers réglés par les six autres grandes villes françaises : Lille, Lyon, Nice, Nantes, Montpellier, et Toulouse (40,8 millions d'euros)[1].

Hervé Estampes est un témoin privilégié de ces errements comptables qui ont conduit la ville à une situation de surendettement[2]. Ancien magistrat de la CRC, il a eu à auditer la ville de Marseille en 2005. Ses conclusions sont identiques à celles relevées quatorze ans plus tard. L'absence de réponse judiciaire durant toutes ces années laisse perplexe. « Dès mon arrivée, je constate que la comptabilité a été bidouillée au travers du procédé du “reste à réaliser[3]”. Dans une comptabilité normale, celui-ci se situe autour de 5 % du budget. Je constate

1. Rapport d'observations définitives sur la ville de Marseille, chambre régionale des comptes Paca, 2019.

2. Entretien avec l'auteur, 20 septembre 2021.

3. Les restes à réaliser en dépenses sont des engagements juridiques donnés à des tiers qui découlent de la signature de marchés ou de contrats n'ayant pas encore fait l'objet de mandatement sur l'exercice.

qu'il se monte ici à 50 % pour mettre le budget en équilibre. Je fus très étonné que le préfet valide ces comptes. D'un point de vue technique, la ville se trouvait en état de cessation des paiements. Par la suite, je suis reçu par Gaudin dans son bureau. Il me dit : "Je pense que vous exagérez." Je l'informe alors avec davantage de précisions. Le maire change d'attitude au cours d'un deuxième rendez-vous, m'expliquant qu'il a limogé le directeur financier, que les choses vont rentrer dans l'ordre grâce à la mise en place d'un plan d'économie. Mais dans la réalité, rien n'a changé. » Le plus étonnant, c'est qu'Hervé Estampes découvre dès cette époque qu'il y a quelques « soucis » autour des emplois fictifs : « Quatre-vingts personnes employées avaient plus de 75 ans. Le directeur des ressources humaines m'informe que lui-même a largement dépassé la limite d'âge. Normalement, le parquet aurait dû, dès ce moment-là, être saisi *via* l'article 40[1] devant un détournement de fonds publics caractérisé. Or, il faut attendre la fin du règne de Gaudin pour qu'une information judiciaire soit ouverte. Il est clair que durant toutes ces années on s'est "arrangé" avec la préfecture. »

Désormais, les arrangements ne sont plus possibles. La nouvelle municipalité, qui n'entend pas porter le fardeau de la gestion Gaudin, voit débarquer à l'été 2020 l'Agence française anticorruption, présidée par le juge Charles Duchaine, qui a notamment géré le lourd dossier Guérini. Ce « retour à Marseille » ne manque pas

1. L'article 40 du Code de procédure pénale impose à toute autorité constituée (officiers publics, fonctionnaires...) de dénoncer auprès du procureur de la République les faits dont elle a connaissance.

de croustillant. Globalement, cette structure, qui est chargée de contrôler et de prévenir les atteintes à la probité dans les collectivités publiques, fait de bien étranges découvertes sous le soleil. L'agence rend ses conclusions en juillet 2021 et relève qu'une déontologue – une ancienne magistrate – a bien été nommée en 2018 conformément aux prescriptions légales, mais qu'elle n'a guère été sollicitée par les services de la mairie. Le rapport cloue la municipalité comme un papillon sur un mur :

> L'équipe de contrôle a pu constater une insuffisante culture de la probité au sein des services. La pratique courante des recrutements familiaux mise en évidence dans le présent rapport ou le nombre important de fonctionnaires ayant fait l'objet de plaintes pénales pour des faits d'atteinte à la probité en sont l'illustration. Cette insuffisance de culture de la probité est renforcée par l'absence de régime disciplinaire adéquat[1].

L'administré découvre ainsi – ce qui, au demeurant, est un secret de polichinelle à Marseille – que les affaires qui démontrent un enrichissement personnel des agents sont légion, à commencer par la gestion des buvettes des stades de la ville gérées depuis des lustres par les gardiens de ces mêmes infrastructures sportives qui encaissent les recettes à leur profit. On note qu'un élu qui utilise à des fins personnelles son véhicule de service et cumule près de 9000 euros de contraventions impayées conserve sa voiture jusqu'au bout de son

1. Rapport de contrôle définitif de l'Agence française anticorruption (AFA), 2021.

mandat malgré une plainte déposée contre lui[1]. Que dire du détournement de la recette des piscines municipales ou de la création d'une double billetterie occulte par le personnel d'un musée avec plusieurs dizaines de milliers d'euros de recettes ?

Plusieurs mairies de secteur sont par ailleurs épinglées, notamment celle des 13 et 14e arrondissements alors dirigée par le RN Stéphane Ravier, qui aurait utilisé de façon stipendieuse sa carte de carburant Total, et en aurait fait profiter ses proches collaborateurs[2]. L'élu sera par ailleurs visé par une enquête préliminaire du parquet de Marseille pour « favoritisme » concernant la passation d'un marché relatif à la création d'un site internet. Plus inquiétant encore : l'absence de mécanisme de contrôle fiable des services de l'urbanisme. Après avoir relevé des failles dans le système informatique qui gère les demandes de permis, l'agence s'étonne des conditions de délivrance de permis tacites[3] sur certains dossiers alors que l'instructeur avait initialement donné une décision de refus. « Le processus de délivrance des autorisations d'urbanisme présente de graves zones de risques d'atteinte à la probité non maîtrisée en l'absence de toute procédure écrite encadrant l'activité du service. L'équipe de contrôle a par exemple détecté des conflits d'intérêts non traités chez certains

1. *Ibid.*, p. 45.

2. *Ibid.*, p. 90 et Jean-Marie Leforestier, « À Marseille une affaire de favoritisme rattrape le sénateur Stéphane Ravier », Mediapart.fr, 1er février 2022.

3. Le permis tacite est un permis accordé tacitement, faute de réponse du service à la demande dans le délai de deux mois.

responsables ou anciens responsables du service. De plus, en l'absence de procédure clarifiant la chaîne de décision, il n'est pas possible de s'assurer du contournement par la hiérarchie, détecté par l'équipe de contrôle lors de son contrôle sur place, de certaines propositions de refus de permis de construire émises par les instructeurs compétents.»

L'opacité la plus grande semble donc régner dans le service où plane, si l'on en croit les enquêteurs, un parfum peu rassurant. En clair, cela signifie que les agents de contrôle soupçonnent certains responsables de corruption à travers l'octroi de permis de construire à des administrés alors que l'instruction du dossier leur était défavorable... De même, une certaine omerta entoure l'organisation de la commission d'urbanisme chargée d'examiner les programmes de plus de dix logements. Les conditions de leur tenue soulèvent des interrogations, d'autant que certaines d'entre elles se déroulent directement au cabinet du maire, sans que cela relève d'une procédure explicite[1]. Cela peut prendre la forme de réunions secrètes, puisque non validées par une procédure prévue en amont. Si l'on en croit l'agence anticorruption, Marseille navigue depuis des années en zone grise. L'agence présente une vingtaine de recommandations qui touchent également au mécanisme d'octroi des subventions et des logements sociaux dont l'absence de contrôle n'a pas manqué d'alerter les auteurs du rapport. Depuis Defferre, Marseille aura ainsi été

1. *Ibid*. Rapport susvisé.

nourri au biberon du clientélisme et des petites combines. Pour beaucoup, il est temps que la ville tourne la page. Elle réclame que l'on réponde enfin à un impérieux besoin de transparence. Il s'agit là d'un vrai défi pour Marseille.

3

La cité de la drogue

La venue à la cité Bassens d'Emmanuel Macron, dialoguant et serrant des mains de mères éplorées après une succession de règlements de comptes, replace à l'automne 2021 la cité phocéenne sous les feux brûlants des projecteurs. Car d'ordinaire un assassinat dans les quartiers nord est considéré, tout là-haut à Paris, comme un non-événement médiatique, assez peu relayé. Sauf quand il y a plus d'une victime ou que celles-ci sont très jeunes : les bonnes âmes s'émeuvent, l'opinion est choquée, les politiques entrent dans la danse (et c'est mieux pour le 20 heures...). Voilà donc Marseille redevenu cause nationale après un été de larmes et de sang. L'État vient secourir une classe politique locale défaillante, ce qui n'est pas une révélation. Les postes des incompétents se distribuent à l'encan, sous l'empire immuable des réseaux qui gangrènent la ville depuis des décennies. Aujourd'hui, une grande question demeure : comment le Marseille du crime s'est-il déplacé des quais du Vieux-Port, berceau historique du grand banditisme de la ville, vers les quartiers nord ?

Glissant de la bouillabaisse au tajine, la ville n'en finit plus d'encaisser ces soubresauts sociologiques qui frappent par capillarité le fonctionnement même du milieu. Plusieurs événements permettent de décrypter l'inexorable passage de témoin, de comprendre l'incompréhensible, de voir croître et prospérer au fil des années une nouvelle mafia, celle des cités. Ce communautarisme mafieux soulève bien des questions, notamment celle-ci : peut-on ainsi laisser une fraction aussi importante du territoire de la cité aux mains d'organisations criminelles qui imposent leur *diktat* à l'ensemble de la population des quartiers nord ? La réponse est à l'évidence négative. Mais malgré les bras tendus d'Emmanuel Macron, n'est-il pas trop tard ? Pour comprendre il convient de remonter le temps.

L'Indien passe la main

Nous sommes le 4 avril 2006, Farid Berrahma ignore qu'il ne lui reste que quelques minutes à vivre. C'est ainsi que meurt un truand, sans voir venir la balle fatale. Il s'en remet à son instinct et à sa *baraka*. Mais ce soir-là, l'instinct n'a pas fonctionné. Originaire de Salon-de-Provence, Berrahma s'est construit une solide réputation dans la zone de l'étang de Berre, où il cherche à dominer le lucratif business des machines à sous après celui de la drogue. Doté d'un appétit insatiable, celui que l'on surnomme l'Indien – pour ses cheveux qu'il porte longs – a étendu son emprise dans les quartiers nord de la cité phocéenne : il sait que l'avenir est ici, il a perçu que la pauvreté de cette zone était le terreau fertile d'une expansion mafieuse. Qu'il s'agisse de Tokyo,

Palerme, New York ou Naples, la mafia prospère sur ces hinterlands de paupérisation comme la gangrène sur une jambe malade. Berrahma a compris avant tout le monde que la consommation de cocaïne et de shit était appelée à exploser et que Marseille, en raison de sa position géographique de grand port de la Méditerranée, en deviendrait un point névralgique. À sa façon, il est un visionnaire. Pour étendre son empire, il lui faut d'abord éliminer la concurrence dans le secteur de l'étang de Berre où l'argent des machines à sous (devenues depuis obsolètes avec l'apparition des jeux en ligne) sert à alimenter le trafic de stups.

La guerre est farouche pour placer les fameux « bingos » dans les arrière-boutiques des troquets de Marseille, Gignac-la-Nerthe ou Fos-sur-Mer. À Marignane se dresse face à l'Indien un opposant d'origine insulaire, Roch Colombani. Officiellement restaurateur, l'homme est lié par de solides attaches à la Brise de mer[1], et surtout au clan Federici. Ceux que l'on surnomme les « bergers braqueurs » en raison d'une lointaine activité de pasteurs sur la plaine orientale de l'île de Beauté, et d'une réelle profession de gangsters, ont l'ambition de coloniser, bien au-delà de la Corse, le midi de la France. On retrouvera plus tard les Federici avec de solides attaches dans les cercles de jeux parisiens. Depuis le début des années 2000, le clan a investi massivement la zone d'Aix-en-Provence jusque-là maîtrisée par Francis le Belge[2]. L'assassinat du caïd marseillais dans un bar

1. Voir chapitre 5.
2. De son vrai nom Francis Vanverberghe, né en 1946 dans le quartier de la Belle de Mai d'un père légionnaire belge, entre dans les années 1960

PMU de la capitale en 2000 a considérablement rebattu les cartes dans le milieu du Sud-Est, les quelques lieutenants survivants ne parvenant plus à contrôler le territoire. Le mythe du Belge s'est dissous comme un cadavre dans l'acide. Tout au plus subsiste une image écornée, une réputation que certains jugent galvaudée. Vanverberghe, le beau gosse de la Belle de Mai qui séduit les filles avant de les jeter sur le trottoir (le proxénétisme est le premier niveau de l'école du crime, le plus rentable et, surtout, le moins honorable), n'aurait en réalité jamais été un parrain, juste un « beau mec » comme on dit dans le milieu. Quelqu'un qui compte, mais qui n'a nullement l'envergure de contrôler une ville comme Marseille, même s'il a pu en avoir le désir.

Le Belge éliminé, Berrahma se voit pousser des ailes pour s'attaquer aux Corses en tentant de rogner sur leur royaume aixois, leurs discothèques, leurs bars, leurs restaurants, leurs trafics, leurs filles. Une entreprise presque suicidaire. En s'en prenant à Roch Colombani, l'Indien n'ignore pas qu'il entre en conflit ouvert avec l'une des mafias les plus puissantes de France. Mais Berrahma ne résiste pas à l'impérieuse nécessité d'expansion. Le Belge est mort, une place est à prendre.

dans la délinquance. On le retrouve impliqué dans les trafics de la French Connection dix ans plus tard, et plus précisément dans l'affaire du Caprice des Temps, un chalutier arraisonné par les douaniers en 1972 chargé de 425 kilos d'héroïne. Une guerre féroce l'oppose ensuite à son grand rival Gaëtan Zampa pour le contrôle de Marseille, avec, comme point culminant, la tuerie du Tanagra, un bar du Vieux-Port. Il s'exile à Paris en 1994, laissant ses lieutenants gérer ses intérêts dans la ville et dans la zone d'Aix-en-Provence. Il est abattu le 27 septembre 2000 par deux tueurs à moto dans un café parisien, l'Artois Club.

L'assassinat de Roch Colombani, le 23 mars 2006, marque le début des hostilités. Comme dans une scène de thriller, un déluge de feu, de fer et de plomb s'abat sur le restaurateur qui circule à proximité de l'aéroport Marseille-Marignane. Son 4 × 4 Mercedes tremble sous les impacts nourris de fusils d'assaut, de pistolets automatiques et de plombs de chevrotine. Cocktail fatal. Les enquêteurs évoqueront un cadavre méconnaissable marqué de près de soixante impacts. Une scène digne de la mort de Sonny, le fils impétueux de Marlon Brando, *alias* Don Corleone, dans *Le Parrain* de Francis F. Coppola. Sonny déchiqueté par les salves de mitraillettes Thompson devant un péage d'autoroute. Comme toujours, la réalité est plus forte que la fiction et, parfois, encore plus cruelle.

Berrahma ne mesure pas vraiment les conséquences de ce qui est pour lui un meurtre de plus. Pourtant, dès cet instant, ses jours, ses heures, ses minutes sont comptés. En touchant à Colombani, il a frappé les Corses dans leur orgueil. Et chez les insulaires, l'orgueil n'est pas qu'une posture. Lors des obsèques qui se déroulent dans une ambiance pesante, le père de la victime demande à ses amis présents de venger son fils. Sur l'île, on n'est pas insensible à la douleur d'un père meurtri, injonction à laquelle il est difficile de déroger. La vengeance, la *vendetta*, est à vrai dire presque une obligation, un code social, personne ne peut s'y soustraire, surtout au sein du milieu. « J'étais présent lors des obsèques, explique un ancien de la PJ marseillaise. J'ai compris que ce crime n'allait pas demeurer impuni quand le père s'est adressé à voix basse aux truands présents. L'ambiance était terriblement tendue au milieu des chants corses qui résonnaient. Et puis, ce fut le silence[1]. »

Farid Berrahma se voit tout-puissant, croit qu'il peut abattre qui il veut, où il veut, quand il veut. Il pense à tort qu'il vient de porter un coup fatal à ses concurrents et que, mis KO debout, ils ne sont pas en mesure de riposter. Il comptait aussi sans doute sur sa proximité de longue date avec le clan de Francis le Belge, et plus précisément avec son lieutenant, Antoine Cossu, pour bénéficier d'une forme de protection, de permis de tuer. Enfin, c'est ce qu'on peut imaginer pour tenter de comprendre cette audacieuse opération lancée sur le milieu corso-marseillais. L'avocat de Berrahma, Frédéric Monneret, dresse un portrait étonnant de son client : « Il y avait un gros décalage entre son image de trafiquant implacable et ce qu'il était réellement dans ses contacts quotidiens. Je me souviens qu'il venait dans mon cabinet pour ses dossiers. Il était toujours très posé, très poli, courtois. Rien à voir avec ce qui est décrit dans la presse[2]… » Mais Berrahma est incontrôlable. Atteint depuis plusieurs années par un cancer qui le ronge, il n'a de fait plus rien à perdre, plus aucune limite. Il est emblématique d'une nouvelle race de voyous qui ne s'embarrasse plus de codes et de messages, privilégiant l'action violente au dialogue. Cette brutalité lui vaut cet autre surnom, Farid le Rôtisseur, pour sa manie de procéder à ce qu'on appelle en langage policier des « barbecues ».

1. Entretien avec l'auteur, octobre 2021.
2. *Ibid.*

La sordide pratique consiste à faire griller ses victimes dans leur voiture après les avoir criblées de balles et arrosées d'essence, pour effacer toutes traces utilisables en police scientifique. On ne mégote pas…

Farid Berrahma est donc un précurseur dans cette montée de la sauvagerie des quartiers ; dans les cités devenues crasseuses et délabrées, futur Eldorado de la came, Las Vegas des junkies, des bourgeois camés et de tous les paumés de la terre en quête de paradis artificiels, il n'y a pas d'autre loi que la violence pour s'imposer. Dès les années 1990, Berrahma s'expatrie en Espagne, sur la Costa del Sol, pour organiser les trafics à destination de Marseille. C'est alors que son nom apparaît dans un dossier devenu emblématique : l'affaire Topaze.

***

Nous sommes en avril 1998. Les policiers de la brigade des stupéfiants démantèlent un gigantesque trafic de cocaïne et de haschich qui inonde à la fois le sud et le nord de l'Europe. Ce trafic est animé par un cartel qui rassemble Marseillais, Toulonnais, Lyonnais. Deux ans plus tôt, des policiers niçois, saisis par un juge lillois, captent une conversation fort intéressante provenant d'une cabine située dans la commune de Villeneuve-Loubet, près de Nice. L'un des correspondants se trouve au Venezuela. Les deux protagonistes au fort accent méridional sont rapidement identifiés comme étant Antoine Cossu et Jean-Claude Kella. Le premier, connu sous le doux surnom de Tony l'Anguille, n'est autre que le beau-frère du mythique Francis le Belge. Le second est un cheval de retour de la French Connection qui n'a jamais cessé ses activités à travers le monde : Kella, omniprésent messager du trafic international de stupéfiants. Les dialogues sont hauts en couleur et le décryptage des conversations conduira le 29 avril 1998 à l'interpellation en Espagne d'Antoine Cossu, de son associé lyonnais Jean-Pierre Gandebœuf, d'Alain Tavera, dit Tournesol, et du Vénézuélien Hermilio Alejandro Carillo Rodrigues à la sortie d'un hôtel de Madrid. Ils venaient de conclure une importante transaction. D'autres têtes tombent, dont un fournisseur brésilien et un armateur franco-belge qui, depuis Kourou, en Guyane, est soupçonné d'organiser des livraisons de coke dissimulées dans des containers de… crevettes. Un clan varois, les Perletto, est particulièrement impliqué dans cette association.

Conjointement, d'autres livraisons, de haschich celles-là, se déroulent au départ du Maroc, dans un autre dossier nommé « Océan », où l'on retrouve plusieurs protagonistes de l'affaire Topaze. Farid Berrahma est quant à lui interpellé trois ans plus tard. L'enquête révélera très vite que l'Indien était en contact étroit avec Cossu et que Berrahma savait se placer. Des écoutes prouvent que le Salonnais cherchait clairement à prendre la suite d'un ancien associé de Cossu, un certain Kamel Berkhani, dit le Gros, assassiné en octobre 1997 sur la Costa del Sol. Dans un impressionnant rapport de 300 pages, auquel l'auteur a pu avoir accès, les policiers estiment que Cossu aurait été mêlé à l'assassinat du « Gros », lui-même soupçonné d'être responsable de l'élimination d'un proche de Tony l'Anguille. Berkhani devrait en outre un million de francs à Cossu[1]. Le 8 janvier 1998, les enquêteurs de la brigade des stups avaient capté une conversation entre Cossu et celui qu'il surnomme le Gris, *alias* Berrahma – terme assez méprisant qui désigne dans le langage marseillais les gens originaires du Maghreb. Berrahma demandait clairement à son interlocuteur de prendre la succession de Berkhani, ce que Cossu semblait valider.

***

Le petit caïd des machines à sous se métamorphose donc en trafiquant international, entamant sa sanglante politique de conquête de la région marseillaise après s'être formé dans la péninsule Ibérique. Cossu en témoigne même dans les écoutes : « Le Gris a un paquet de mecs à se faire, dix ou quinze en attente. » Un autre membre de l'équipe, Jean-Louis Marrochino, par ailleurs neveu du Belge, se lâche lui aussi au téléphone : « Il veut se faire un paquet de mecs à Salon. »

En mai 1999, Berrahma est l'objet d'un avis de recherche pour l'assassinat d'un certain Bernard Martinez à Montpellier. Il sera interpellé en Espagne en 2001, extradé puis remis en liberté, ce qui relancera son appétit de conquêtes qui crée son cortège de cadavres. L'Espagne est alors la route privilégiée par les trafiquants pour faire entrer la cocaïne en Europe, et un lieu de villégiature où se retrouvent mafieux italiens, russes

1. PV 1 915, 88 et 33.

et, bien sûr, expatriés français soucieux d'organiser d'importantes livraisons en provenance des cartels colombiens. En matière de trafic de shit, la péninsule est en train d'acquérir une position tout aussi stratégique que l'un des plus gros producteurs mondiaux, le Maroc. Bernard Squarcini, qui a occupé le poste de préfet de police de Marseille de 2004 à 2007 avant de prendre la tête de la Direction centrale du renseignement intérieur (DCRI), se souvient très bien du poids que représentait le gangster pour les gens de la PJ : « La clé a été la remise en liberté de Berrahma. Il s'est pris pour un conquérant en expliquant qu'il allait mettre tout le monde dehors, à commencer par les Corses qu'il voulait expulser de la ville de Marseille. Son offensive était menée sur une vaste zone qui allait de Port-de-Bouc à la cité phocéenne[1]. »

En ce printemps 2006, celui que l'on surnomme aussi le Dingo a le privilège de ne pas avoir été jugé dans le dossier Topaze et semble narguer la justice depuis son nouveau fief des quartiers nord. Mais nous l'avons vu, Berrahma a fait le pas de trop : il a écrasé le pied d'un clan insulaire redoutable qui, fonctionnant comme une véritable mafia, n'a rien à lui envier en matière de violence et de sauvagerie. Ce 4 avril, dans le bar des Marronniers, Berrahma, devenu mouton que l'on chasse, n'entend pas les pas des loups qui s'avancent. Le Gris est particulièrement détendu, une belle soirée de foot s'annonce, opposant le Milan AC à Lyon en Champions League. Confortablement installé dans la

1. Entretien avec l'auteur, 17 décembre 2021.

salle de cet estaminet du 13e arrondissement niché au pied des tours, le Rôtisseur suit la rencontre. Ses lieutenants Radouane Baha et Heddie Djendeli regardent eux aussi attentivement la partie. Ils n'en connaîtront pas l'issue. Une dizaine d'hommes fortement armés surgissent dans le bar, puis s'acharnent sur leurs cibles dans un rituel rappelant l'exécution de Roch Colombani. Les détonations de kalachnikov, pistolets automatiques et fusils de chasse claquent dans la nuit. On utilise les mêmes armes, comme un message subliminal. Le score de la partie est sans appel : Corses 3 – Berrahma 0. Et ce n'est pas le seul indice. Les enquêteurs s'interrogeront longtemps sur des tirs ciblés sur un radiateur d'où s'écoule de l'eau en abondance, avant de comprendre qu'il s'agit en fait d'une sorte de « parabole de l'eau », rappelant l'étang de Berre et l'exécution de Colombani. Le milieu insulaire aime décidément les symboles, les images.

C'en est fini de Farid le Rôtisseur. Il ignore qu'il a été balancé par l'un de ses proches qui aurait participé au contrat contre Colombani : le délateur aurait ainsi négocié sa survie et échappé à la vindicte des Corses[1]... Il y a toujours un traître dans ces histoires-là. L'enquête

1. Karim Boughanemi, ancien lieutenant de Berrahma, était présent dans le bar les Marronniers quelques minutes avant l'attaque. Une affaire rocambolesque intervient en octobre 2012 quand ce dernier, alors incarcéré, souhaite intervenir lors du procès d'Ange-Toussaint Federici, de la mafia corse, pour témoigner en sa faveur. Mais les policiers de la PJ découvrent le pot aux roses : ce témoignage a en fait été acheté moyennant la somme de 120 000 euros remise à des proches. Boughanemi est-il la « balance » qui a permis l'assassinat de Berrahma ? Pour la police, cela ne fait guère de doutes. ATF écope cette année-là d'une lourde condamnation à trente ans de réclusion criminelle devant la cour d'assises de Draguignan.

sur la tuerie des Marronniers ne va pas tarder à rebondir en raison d'un banal incident. L'un des membres du commando est blessé à la jambe par le ricochet d'une balle. Les enquêteurs relèvent alors des traces de sang sur place pour procéder à des analyses ADN d'où sort un nom : Ange-Toussaint Federici, l'un des deux chefs militaires du clan, avec son frère Jean-François. L'enquête de police raconte que celui que l'on surnomme ATF a bénéficié de l'assistance d'un ami insulaire, Paul Lantieri, pour être opéré sous un faux nom à la clinique Clairval par un chirurgien originaire lui aussi de Corse. Puis il a disparu pour se faire cueillir à Paris après plusieurs mois de cavale.

***

Avec la mort de Berrahma, une page se tourne ; celle de la mainmise historique du milieu dit traditionnel sur le marché marseillais de la drogue. Le Rôtisseur a, en quelque sorte, ouvert la voie aux jeunes issus des cités, jusque-là cantonnés à jouer les porte-flingue pour Berrahma ou d'autres, et qui deviennent à leur tour les nouveaux caïds. Des caïds indépendants. Parmi eux, la famille Tir monte en puissance. Associée au clan Berrebouh, elle livre durant des années une guerre fratricide aux Remadnia, originaires du même village des Aurès, en Algérie. Nous y reviendrons. Une autre vendetta opposera les Gitans du clan Bengler aux Comoriens. Un conflit sans fin, qui résonne sans cesse dans l'actualité. Le directeur général de la police nationale analyse avec recul ce passage de témoin :

« L'offre a explosé et le milieu traditionnel n'était plus en capacité de répondre à la demande du marché. Au début, ces gars des cités travaillaient dans l'ombre des caïds emblématiques, puis ils se sont affranchis de leurs tuteurs. »

Frédéric Veaux, pur produit de la PJ, connaît bien les arcanes des réseaux internationaux, particulièrement ceux qui passent par le sud de la France. Venu de la brigade de recherche et d'intervention (BRI) de Nice, il a débarqué à Marseille à la fin des années 1990 pour prendre la direction de la division des stupéfiants et du proxénétisme de ce qui était alors le service régional de police judiciaire (SRPJ). Dans ses bagages, il avait les fameuses écoutes de Kella et Cossu qui ont permis l'ouverture du dossier Topaze. Les enquêtes, les filatures, les écoutes, le travail de terrain sur la piste des criminels les plus endurcis dans le triangle Marseille, Nice, Corse : rien ne lui échappe. Le milieu n'a pas de secret pour lui. Quant au trafic de drogue, s'il n'est plus aujourd'hui au cœur de l'opérationnel, le policier en maîtrise toutes les ficelles au travers de son passage à la tête de l'Office central pour la répression du trafic illicite des stupéfiants (Ocrtis) en 2001. Il dresse sur Marseille un constat sans état d'âme : « L'activité de ces réseaux des cités a explosé avec l'augmentation de la production mondiale. La police n'a pas l'ambition, à elle seule, d'éradiquer définitivement le crime et la délinquance dans les cités des quartiers nord et ailleurs. En revanche, notre rôle, notre mission, est de faire en sorte qu'il n'existe pas d'impunité pour les malfaiteurs sur tout le territoire. Chaque délinquant doit passer à un moment ou à un autre entre les mains de la police. Telle est notre mission[1]. »

Ce responsable, fort lucide, reconnaît que l'idée selon laquelle le nombre de « plans » se réduirait au fur et à mesure des nécessaires et légitimes opérations de démantèlement et des règlements de comptes n'est pas réaliste. Mais le trafic est une hydre infernale. Il convient donc d'avoir une vision plus globale en s'interrogeant sur les quantités astronomiques de drogue écoulée sur le territoire national. Certes les go-fast, ces véhicules rapides bourrés de came venus d'Espagne qui dévorent l'asphalte des autoroutes avant de pénétrer dans les cités obscures, peuvent expliquer cette rapidité d'approvisionnement, mais est-ce suffisant ? D'autres circuits particulièrement bien organisés et pas vraiment identifiés permettent d'alimenter à flots continus les 156 plans de drogue marseillais et les milliers d'autres répartis sur le territoire, ce qui laisse à penser que police et justice n'ont pas forcément appréhendé toutes les ramifications de cette organisation hyper-sophistiquée.

En 2012, Frédéric Veaux est détaché à un poste de conseiller auprès du directeur central de la police judiciaire. Il profite de cette période de « distance opérationnelle » pour descendre à Marseille et se met en tête d'évaluer la quantité de haschich écoulée chaque mois dans la ville sur la base des opérations et des surveillances réalisées par les services de police. Et le résultat révélé par la machine à calculer donne le vertige : au moins 4 à 6 tonnes. Quel est le chiffre dix ans plus tard ?

1. Entretien avec l'auteur, 5 novembre 2021.

10, 15 tonnes ? La drogue, qu'il s'agisse de cocaïne ou de shit, est devenue un produit de consommation courante. L'infirmière qui vient chercher sa dose de poudre en blouse blanche et claquettes de salle d'op, le vendeur de voitures dans son costume bon marché, qui veut s'amuser avec les copains pour passer une bonne soirée, le chauffeur-livreur quinquagénaire qui a besoin de sa dose pour tenir l'insoutenable rythme de travail que lui impose son employeur... Les junkies d'hier ont cédé la place à une clientèle ordinaire issue de toutes les couches de la société pour laquelle drogue rime avec mode de vie[1]. La fragilité socio-économique pousse les plus jeunes à privilégier l'argent facile à un avenir incertain après un passage tout aussi aléatoire dans les écoles de la République. Pas facile de trouver du boulot quand on s'appelle Mustafa et qu'on vient de La Busserine. Alors les « plans » juteux poussent comme des champignons aux portes des cités aux emblématiques patronymes : Bassens, La Castellane, Les Flamants, Les Oliviers... On parle ici de misère, mais pas pour tout le monde. Le décrochage du mitan vers ce que les policiers ont d'abord baptisé le « néo-banditisme » a connu des étapes qui méritent un retour historique.

1. Constatation de l'auteur au cours d'une plongée en immersion durant plusieurs jours au sein de la brigade des stupéfiants de la PJ de Marseille pour le magazine *VSD*.

Un juge est mort

Nous sommes le 21 octobre 1981, aux abords de ce que les Marseillais ont baptisé la « cité du Fada », en référence à l'imposant bloc de béton posé par l'architecte Le Corbusier sur l'une des plus célèbres artères de la ville, le boulevard Michelet. Peu avant midi, une prostituée qui officie aux portes de la « Cité radieuse » et « fait l'apéritif », comme on dit dans le jargon du milieu, assiste à une scène incroyable. Une Honda 900 Bol-d'Or se porte à hauteur d'une autre moto, une plus petite cylindrée. Le passager de la grosse moto dégaine et tire une première fois sur le conducteur de l'autre engin, qui chute au sol. La Bol-d'Or s'arrête à hauteur de la victime. Le passager se dresse sur les cale-pieds. En tueur implacable, il achève sa besogne en tirant à deux reprises dans la nuque de la victime. Pierre Michel, juge d'instruction à Marseille, vient de mourir comme un vulgaire brigand, criblé de balles de 11,43, le revolver mythique des règlements de comptes. Un assassinat qui deviendra l'un des faits divers les plus marquants et les plus douloureux de l'histoire criminelle marseillaise. Jamais, jusqu'à présent, la mafia et ses « gloires » locales n'avaient osé s'en prendre à une telle autorité, signe évident que quelque chose a changé à Marseille.

Si la personnalité du tireur, François Checchi, un petit truand d'Endoume, n'appelle guère de commentaires, celle du chauffeur de la moto attire en revanche plus d'attention. Charles Altiéri est issu du même quartier que son comparse, où il tient le bar le Terminus de 1976 à 1979. C'est dans ce troquet, entre pastis et limonade, qu'Altiéri fait la connaissance de ceux que l'on baptise « l'équipe d'Endoume » : François Scapula, Alain Mazza et un certain François Girard, dit Francis le Blond. D'abord homme à tout faire leur rendant quelques petits services comme la fourniture de faux papiers, celui que l'on surnomme Lolo gravit les échelons pour accéder au statut envié de chimiste – qui rapporte plus d'argent. L'assassinat du juge Michel l'aura beaucoup aidé dans sa promotion. Mais les policiers ignorent tout cela pour le moment. Leur seule piste : cette 900 Bol-d'Or volée qui ramène au quartier d'Endoume... Pour l'instant, on s'intéresse à la personnalité de Pierre Michel.

Considéré comme la bête noire de tous les trafiquants de France et de Navarre, le Geju, comme on l'appelle du côté de l'Opéra, s'est lancé dans une vraie croisade contre la drogue. Les derniers labos qu'il démantèle à La Ciotat, Saint-Maximin, Bouc-Bel-Air ou, plus loin de Marseille, Chambon-sur-Lignon, sont autant de trophées qui placent le magistrat pugnace sur la liste noire des trafiquants marseillais. Pouvait-il penser qu'ils oseraient s'en prendre à lui ? À certains, il confie qu'il est « intouchable », car, dans le milieu, on ne s'en prend pas aux magistrats. Il y a pourtant un contre-exemple : l'assassinat à Lyon, quelques années plus tôt, du juge Renaud ; une affaire qui, au demeurant, ne sera jamais élucidée. Michel n'a pas compris que le contexte marseillais était en train de changer, qu'il était confronté à des équipes montantes n'obéissant plus à aucune règle, si tant est qu'il en existe vraiment dans cet univers malfaisant. L'avocat aixois Luc Febbraro, que nous retrouverons plus loin, se souvient ainsi d'une confidence recueillie de la bouche de l'un de ses clients membre du milieu dit « classique » : « Il m'a dit : "Maître, les gens qui font dans la drogue ne sont pas des truands, mais des commerçants. Ils ne respectent rien. Ils n'ont pas de règles." »

Opiniâtre, parfois un brin imprudent, diront certains, usant de méthodes radicales – comme faire pression sur les compagnes des cibles, ce qui passe très mal dans le mitan –, Pierre Michel est donc un juge atypique, choc, qui n'a aucun état d'âme envers le crime. Il n'hésite pas à aller sur le terrain, la nuit tombée, dans des lieux interlopes, afin de récolter quelques bons renseignements, une pratique qui n'est pas sans danger pour un magistrat. Mais il lui faut sentir la ville. Cet homme sait aussi faire preuve d'humanité et de discernement, comme ce jour où il évite la prison à une jeune héroïnomane qui rapporte plusieurs kilos de blanche de Bangkok. Un deal surprenant est négocié : en échange d'une cure de désintoxication dans les locaux du Patriarche, une association de réinsertion des toxicomanes, la trafiquante conservera sa liberté[1]. Michel ne s'intéresse qu'aux gros poissons, il sait que les addicts sont avant tout des victimes.

On retrouve ainsi parmi les récentes prises du magistrat le fameux François Girard – ou Francis le Blond. Michel l'a fait plonger lors du démantèlement d'une filière de la French-Sicilian Connection – de la came fabriquée dans un labo de Palerme et distribuée par des

1. Témoignage de l'intéressée recueilli par l'auteur à l'époque. Celle-ci suivra par la suite une brillante carrière. Elle en gardera une profonde reconnaissance pour le magistrat.

Marseillais pour inonder l'Europe –, en collaboration avec le célèbre juge Falcone. Mais Girard est furieux contre le magistrat car celui-ci, qui n'aurait pu le coincer dans une autre affaire, l'aurait aspiré dans le dossier de la French-Sicilian à l'aide de procédés déloyaux. C'est en tout cas ce qu'affirme le Blond, un être assez primaire à qui la vie d'un juge importe peu, une brute efficace mais qui, ici, n'a pas senti le vent du boulet.

***

L'histoire de cette époque place en haut de l'affiche trois caïds emblématiques : Gaëtan Zampa, dit Tany, Jacky Imbert et Francis le Belge, successeurs des Spirito, Guérini et consorts, mais avec moins d'envergure. Le passage de témoin s'effectue un jour de 1967 : Antoine Guérini est abattu par des tueurs à moto alors qu'il fait le plein de sa Mercedes dans une station-service du quartier Saint-Barnabé. Il est quasiment acquis que le passager n'est autre que Gaëtan Zampa. Certains placent Jacky Imbert sur la moto. Les trois maîtres de Marseille sont issus de la grande école du mitan, la bande dite des « Trois Canards », du nom d'un célèbre bar de Pigalle. S'ils sont experts en racket, prostitution, braquages, prise de contrôle des restaurants et autres établissements de nuit, ils sont toutefois bien moins efficaces en matière de trafic d'héroïne, un secteur dominé à Marseille, au début des années 1980, par François Girard, Alain Mazza et François Scapula, aussi surnommé Francis le Brun. Par ailleurs, Zampa et le Belge se livrent une guerre sans merci : les cadavres jonchent les rues de la ville. Girard, Mazza et Scapula sont des gars du quartier d'Endoume. Girard et Scapula sont devenus ennemis jurés après que Scapula a notamment dénoncé Girard, ce qui lui vaut le juste surnom de Scapula la Balance, dans l'affaire Michel comme dans plusieurs dossiers[1]. Avant cette rupture, Girard était l'organisateur, et Scapula, le chimiste; quant au quartier d'Endoume, il réunissait des personnages comme Charles Altiéri et François Checchi, les meurtriers du juge Michel[2]. L'un des témoins de l'époque, qui tient à rester anonyme, a gardé une image vivace de cette équipe d'Endoume : « C'était comme une scène de film, irréelle. Je me souviens de quatre types vêtus comme les Blues Brothers, costumes noirs et chemises blanches. Ils circulaient dans une superbe Mercedes noire. Soudain, ils ont

1. Dans ses aveux, Scapula met directement en cause Zampa dans l'assassinat du juge Michel, ce qui ne sera jamais formellement établi, même si l'exil de Zampa en Italie juste après la mort du juge, lequel lui mettait la pression depuis un moment, attire sur lui la surveillance policière. Il n'en demeure pas moins que le meurtre de Michel sonne le glas pour Zampa, dont l'empire s'écroule en 1983, miné par des investigations financières. Le truand est interpellé le 29 novembre 1983. Il se pend un an plus tard dans sa cellule de la prison des Baumettes, dans des circonstances très troubles... Le professeur qui a procédé à son expertise psychiatrique a certifié à l'auteur que Zampa n'était pas suicidaire, malgré ses nombreuses tentatives qui n'avaient d'autre but que de retarder l'échéance judiciaire. Le médecin a également affirmé qu'il avait découvert un matin des balles non percutées déposées bien en vue sur le tableau de bord de son véhicule, ce qui s'analyse comme un « message ». L'affaire Zampa, suicide ou meurtre déguisé ? Un nouveau mystère de plus.

Scapula, lui, ne sera jamais jugé dans l'affaire Michel. Il s'est évadé de sa prison suisse en 2000 et a depuis disparu dans la nature. Seul signe de vie : un manuscrit, dont on ignore s'il a été réellement écrit par l'intéressé, a longtemps circulé, mais aucun éditeur n'a accepté de le publier.

2. À ce sujet, lire : Denis Trossero, « Endoume, pépinière du banditisme marseillais depuis 40 ans », *La Provence*, 27 mars 2016.

ouvert le coffre et extrait une mallette bourrée de fric. Ces gars-là étaient, à l'époque, les rois de Marseille. »

Certes, les labos marseillais ont pris du plomb dans l'aile sous les coups de boutoir du Geju, mais ce milieu des années 1980 marque une évolution notable : les Marseillais, s'appuyant sur une solide réputation, n'hésitent désormais plus à exporter leurs compétences de l'autre côté de l'Atlantique et ailleurs. Les chimistes marseillais sont connus pour leur tour de main, comme le pizzaïolo qui sait cuire la bonne pizza, fumante et juste à point. Les héritiers de Calmet ou Jo Cesari savent, contrairement à d'autres, fabriquer une héroïne pure à plus de 98 %. Le journaliste Alain Laville décrit fort bien ce processus de production :

> Au cours de l'opération permettant de dissoudre le bloc solide de morphine-base, il faut brasser le mélange durant six heures d'affilée. Cycle classique de la transformation. Ensuite, débarrassée de ces impuretés à l'eau claire, la soupe doit encore être nettoyée à l'acide et au noir animal. C'est là, à la chauffe, que se révèle la grandeur du chimiste de la drogue. [...] Si on chauffe trop, c'est l'explosion et le labo éclate comme une bombe. Si on ne chauffe pas assez, la précieuse poudre blanche est à jeter[1].

Zampa, Imbert, le Belge, tout trafiquants qu'ils sont, ne seraient donc rien sans l'équipe d'Endoume qui produit de la blanche à foison. Eux-mêmes sont incapables de fabriquer le moindre gramme de poudre.

***

1. Alain Laville, *Le Juge Michel*, Paris, Presses de la Cité, 1982, p. 126.

La découverte, en 1986, d'un labo aux Paccots, un hameau proche de Fribourg en Suisse, va permettre non seulement d'élucider l'assassinat du juge Michel, mais également de reconstituer le parcours de cette équipe depuis le début des années 1980. L'opération conduit à l'interpellation simultanée de Scapula, Altiéri et d'un autre chimiste de l'équipe, Philippe Wiesgrill. Wiesgrill est un ancien vendeur de confiserie reconverti dans la « snouff » au langage souvent imagé. Interrogé par le juge helvétique Piller, il livre des révélations fracassantes :

> Je crois qu'à ce moment de ma déclaration j'ai une révélation à vous faire concernant une importante affaire qui s'est déroulée en 1981 à Marseille. Il s'agit de l'assassinat du juge Michel. Je dois vous dire que je connais le mobile, le commanditaire et les exécutants de cet assassinat. De ce fait, je m'explique comme suit.
>
> En octobre 1981, alors que je me trouvais au Liban pour y effectuer une transformation de morphine-base, j'ai dû rentrer précipitamment en France étant donné que ma mère était décédée. François Scapula et Maurice Rispoli, qui se trouvaient avec moi au Liban, sont rentrés une semaine plus tard. À partir de mon retour du Liban, je demeurai chez Gérard Tintorini à l'avenue du Prado à Marseille. Cet appartement était fréquenté par les nommés Mazza, Rispoli et quelquefois par Charles Altiéri. Je dois préciser que ma mère a été enterrée [...] le 16 ou le 17 octobre 1981. C'est dans les jours qui ont suivi que j'ai surpris une conversation au domicile de Gérard Tintorini entre Mazza et Altiéri Charles. Cette conversation avait pour sujet une filature à moto exercée à partir du palais de justice à Marseille. Quelques jours plus tard j'apprenais

par la presse l'assassinat du juge Michel. Je me suis immédiatement souvenu de la conversation entre Mazza et Altiéri et je les ai soupçonnés d'être à l'origine de cette affaire[1].

Plus loin, Wiesgrill révèle que Girard en voulait effectivement à mort au magistrat, lequel, n'ayant pu l'impliquer dans le dossier Maridor (un couple mêlé à un trafic important), l'a coincé dans le dossier du labo de Palerme. « Je peux vous dire que l'équipe de Girard avait des contacts avec la mafia italienne et était à la fois impressionnée et favorable aux méthodes expéditives de la mafia[2]. » En effet, à cette époque, Cosa Nostra commence à livrer une guerre sans merci à l'État italien en assassinant juges, journalistes, politiques, voire des ecclésiastiques… On comprend dès lors l'inspiration qui a conduit les petits rois de la came à passer à l'acte. Les aveux de Wiesgrill sont par la suite réitérés dans une autre déposition où il affirme que Mazza lui a confié : « C'est François qui a charclé le juge avec Lolo sur ordre du Blond[3]. » Les acteurs de ce scénario macabre sont castés : François, c'est Checchi le tueur, Lolo, Altiéri qui conduit la moto et le Blond, Girard le commanditaire. Les déclarations de Wiesgrill sont partiellement corroborées par celles de Scapula. Ce dernier fait entrer en scène un autre personnage dans la commandite du crime, Homère Filippi, un trafiquant lui aussi notoire, dont on ne sait à ce jour ce qu'il est

1. Audition de Philippe Wiesgrill devant le juge Piller, 28 avril 1986. Cote D2236. Dossier des Paccots.
2. *Ibid.*
3. Audition de Philippe Wiesgrill par le juge Piller, 1er mai 1986.

devenu. La rumeur veut que l'homme, atteint de maladie, soit décédé et enterré dans un cimetière du nord de la Corse. Nouveau mystère dans un dossier qui n'en manque pas.

Girard a cependant toujours clamé son innocence, expliquant qu'étant incarcéré pour l'affaire de la French-Sicilian Connection il n'aurait pu ordonner un tel assassinat qui le désignerait d'emblée comme suspect numéro un. L'histoire secrète de ce dossier, relayée par une source très fiable de l'auteur, voudrait que Girard et Scapula auraient en fait fomenté ensemble cet assassinat, et ce, bien avant l'incarcération de Girard, dans le but assez délirant de déstabiliser le milieu marseillais et d'en prendre par la suite le contrôle. La machine infernale se serait emballée, au grand dam de Girard, pris au piège de la conspiration qu'il avait lui-même imaginée. Il n'aurait pu l'arrêter. Telle pourrait être la réalité. Sauf que ses comparses ne vont pas tarder à l'enfoncer, livrant une autre version qui fait de lui, depuis sa prison, le véritable commanditaire. Ce sera celle que retiendra la justice. Le conducteur de la moto, Charles Altiéri, livre non seulement des détails sur le déroulement de l'assassinat, mais lâche quelques clés sur le fonctionnement du groupe dans ses activités de trafic de stupéfiants. L'auteur a réussi à se procurer la copie de son audition, un document à ce jour inédit et exceptionnel[1].

Ce jour-là, du beau monde se serre dans le cabinet du juge de cour du district sud de New York : pas moins de

1. Déposition du 22 octobre 1986 devant la cour du district sud de New York.

neuf magistrats dont un certain Rudolph Giuliani alors *attorney* du gouvernement et pas encore maire de New York, le juge suisse André Piller, chargé du dossier des Paccots, et Edmund L. Palmieri qui mène l'interrogatoire. Altiéri est mis à la disposition des Américains par la justice suisse pour ses révélations sur la joint-venture entre nos Marseillais et le clan de la Cosa Nostra américaine Benevento, commanditaire du labo de Phoenix, où les petites mains marseillaises « tournent » 280 kg de morphine-base en 1984. On le saura plus tard, la morphine-base venue de Turquie a été convoyée sur *La Puce*, un catamaran affrété par Michel Régnier, fils de Loulou, un ponte du milieu varois. Extrait de l'audience :

PALMIERI : Monsieur Altiéri, je voudrais vous demander…

ALTIÉRI : Appelez-moi « Lolo », si vous voulez.

PALMIERI : Lolo, à quoi devaient servir ces dollars ?

ALTIÉRI : C'était un profit à partager et nous pouvions en faire ce que nous voulions.

PALMIERI : L'argent provenait de quoi ?

ALTIÉRI : C'était le bénéfice de la transformation de la morphine-base en héroïne.

PALMIERI : Quand êtes-vous arrivé aux USA pour travailler ?

ALTIÉRI : En mai 1984, ou peut-être en avril. J'ai quitté la France pour l'Espagne. De là, Mexico, puis les Bahamas. Enfin, les USA par bateau. Scapula m'a accompagné jusqu'à Mexico, puis ensuite je voyageais seul. J'avais un passeport au nom de Philippe Toucro. J'ai retrouvé Scapula aux Bahamas, il voulait entrer aux États-Unis clandestinement, je l'ai averti que c'était dangereux.

Le juge Piller souhaite en savoir plus sur le profit réalisé par les chimistes marseillais qui ont produit 148 kg d'héroïne à partir des 260 kg de morphine-base.

ALTIÉRI : On nous a donné, pour 148 kg, 1 480 000 dollars, et pour ma part j'ai touché 400 000 dollars, 50 000 dollars à ma sortie des USA et 350 000 en Europe ; le dernier paiement a eu lieu juste avant mon arrestation. J'ai reçu les 50 000 dans la rue, sur le chemin de l'aéroport. Scapula a reçu la même somme, j'ai couché une ou deux nuits au *Méridien* à New York.

PILLER : Qui a reçu le reste des 1 480 000 dollars ?

ALTIÉRI : Cette somme fut divisée entre les autres hommes du groupe. Wiesgrill a reçu 150 000 et le Blond, qui est l'un de nos amis en prison, 100 000 dollars, le reste, je n'en sais rien.

PILLER : Qui est le Blond ?

ALTIÉRI : François Girard.

En prononçant son nom, Charles Altiéri renvoie à d'autres révélations, celles qu'il a faites le 14 mai 1986 sur l'assassinat de Pierre Michel dans le bureau du juge Piller, près de Fribourg, dans un récit froid et glaçant :

En juillet 1981, François Girard a été arrêté et placé en détention préventive aux Baumettes à Marseille. À cette époque, Scapula et Mazza avaient quitté Marseille pour venir vers Nice. [...] À la fin août, selon mes souvenirs, François Girard m'a fait parvenir [en détention], par une personne intermédiaire dont je désire taire le nom, le message suivant qui m'a été remis oralement : « Francis veut que vous tuiez le juge Michel.» J'en ai alors parlé à Scapula et Mazza dans l'appartement du dénommé Tintorini. François m'a aussitôt répondu : «Le juge Michel, je lui donnerai volontiers deux coups de fusil.» Alain Mazza est témoin de ces déclarations. Scapula a encore ajouté que le juge Michel était facile à faire et qu'il habitait aux Corbusier.

[...]

En début octobre 1981, toujours par la personne intermédiaire, j'ai reçu un nouveau message de François Girard qui s'inquiétait «de ce que l'on foutait», ce qui voulait dire que la liquidation du juge Michel devenait pressante. [...] Le jour du 21 octobre 1981, nous nous sommes postés à côté du kiosque sur le cours Pierre-Puget. Après une attente d'environ une demi-heure, nous avons vu passer le juge Michel à moto. Nous nous sommes mis à sa poursuite jusqu'à l'endroit choisi. Là, il a dû s'arrêter et je me suis arrêté à côté de lui. À ce moment, François Checchi qui se trouvait sur le siège arrière a tiré trois coups de feu sur le juge. J'ai vu la moto tomber et j'ai donné pleins gaz. J'ai déposé François Checchi après environ un kilomètre à hauteur de ma R5 que j'avais parquée auparavant à l'endroit prévu. François Checchi a pris ma voiture et m'a pris en charge un peu plus loin ; entretemps j'avais déposé la moto dans une avenue. Nous avons rejoint notre quartier et Checchi a repris son propre véhicule, tout en me laissant son casque et l'arme. Moi-même je me suis rendu immédiatement au jardin du Pharo et j'ai jeté l'arme et les clés de la moto dans la mer, ceci à l'entrée du Vieux-Port. Le jour même, je n'ai pas tellement réalisé la gravité de l'acte que j'avais commis. C'est notamment le lendemain, en voyant les réactions dans les journaux et à la télé, que je m'en suis rendu compte.

La condamnation quelques années plus tard devant les assises d'Aix-en-Provence des deux François, Checchi et Girard, puis de Charles Altiéri, ne suffit pas à éclairer les dessous de l'assassinat du magistrat. Le regretté Alain Laville, auteur d'une biographie fleuve de Pierre Michel[1], évoque le tempérament investigateur du juge, qui, loin de se contenter de coffrer des trafiquants, s'intéressait de très près aux connexions de ces derniers avec les milieux politiques et financiers marseillais. Ainsi, après avoir démantelé un premier labo à La Ciotat, Pierre Michel a beaucoup fouillé autour d'un certain Louis Giralt, par ailleurs associé dans une société, la Soresa, à Jean Francisci, qui n'est autre que le frère de Marcel Francisci, grand parrain supposé de la came et des jeux parisiens[2]. La Soresa est spécialisée dans le retraitement de ferraille et de métaux divers. Michel cherchait à savoir s'il s'agissait là d'un circuit de recyclage de l'argent de la drogue[3].

Un étrange épisode qui a précédé son assassinat demeure plus que mystérieux. Pierre Michel a demandé puis obtenu de son amie avocate, Sophie Bottai, le prêt de son véhicule pour quelques jours sans donner d'explications. Le magistrat a replacé la voiture sur sa place de parking, fortement emboutie et couverte de boue. Que s'est-il passé ? S'en est-il servi pour pratiquer une filature en lieu et place des services de police dont il n'était pas totalement sûr ? L'hypothèse a été envisagée.

1. *Le Juge Michel*, Paris, France Loisirs, 1983.

2. Voir chapitre précédent. Marcel Francisci est assassiné à Paris le 15 janvier 1982.

3. Alain Laville, *Le Juge Michel*, *op. cit.*, p. 145.

La question se pose alors d'une commandite à plusieurs étages, dont Girard n'aurait été que celui qui appuie sur le bouton de l'ascenseur, manipulé par des intérêts occultes dont il ignore l'existence même. À cet égard, le témoignage troublant du cinéaste Yves Boisset a de quoi interpeller. Ce dernier nous explique[1] que, environ un mois avant sa mort, le magistrat lui aurait fait une étrange confession alors qu'il se trouvait sur le tournage du *Juge Fayard*, une fiction mettant en scène l'assassinat du juge Renaud, remarquablement incarné par Patrick Dewaere. Pierre Michel était engagé, explique-t-il, comme consultant sur le film. Et ce dernier, avant de quitter le plateau, aurait confié au réalisateur, sans autre explication : « Dans un mois, je fais tomber Defferre ! » Avec quoi comptait-il faire tomber le ministre de l'Intérieur et maire de la ville ? Yves Boisset l'ignore. Mais Pierre Michel n'était pas homme à parler pour ne rien dire, ce qui rend ce témoignage extrêmement troublant. On note que cette thèse du complot est d'ailleurs reprise à demi-mot dans une séquence de *La French*[2] où apparaît un personnage qui ressemble étrangement à Gaston Defferre. Le film décrit par ailleurs un combat frontal et assez caricatural entre Zampa, incarné par Gilles Lellouche, et Pierre Michel, joué par Jean Dujardin.

Au-delà de ce nouveau mystère marseillais non résolu (décidément, les énigmes s'accumulent), les protagonistes de cette terrible affaire ouvrent la voie à une

1. Entretien avec l'auteur courant 2017, repris dans Jean-Michel Verne, *Riviera Nostra. L'emprise des mafias italiennes sur la Côte d'Azur*, Paris, Nouveau Monde, 2017.
2. Film de Cédric Jimenez, 2014.

remise en cause des règles qui, jusque-là, régissaient plus ou moins bien le milieu. On ne touche pas au juge, on ne tire pas froidement sur les policiers… On ne tue pas pour rien. Nous touchons là l'un des points de bascule qui a mené à l'omnipotence, des décennies plus tard, des mafias des cités prospérant sur une forme de déliquescence du milieu traditionnel. Les cartes sont désormais redistribuées sur fond de barbarie banalisée, lot commun de la grande délinquance marseillaise. Les enjeux du trafic de drogue sont devenus le métronome de la criminalité locale. C'en est fini des Scapula, des Altiéri, des Girard[1], alors que les derniers soubresauts de la guerre Zampa-le Belge marquent la fin des années 1980 et la décennie 1990, le changement de siècle définit désormais d'autres enjeux. Les truands d'hier, peu ou prou attachés, nous l'avons vu, à quelques règles de conduite, cèdent la place aux chiens fous des rues barbares. Les gangs des cités tiennent le haut du pavé.

Blacks contre Gitans

Malika[2] ne parvient pas à détacher son regard de ces arbustes amaigris, dont on se demande comment ils sont parvenus à pousser au milieu du béton qui enserre l'entrée de l'hôtel. Rendez-vous habituel des représentants

1. Girard et Cecchi seront condamnés en 1988 par la cour d'assises d'Aix-en-Provence. Charles Altiéri, qui s'est évadé de sa prison suisse, est condamné quant à lui par contumace, puis rejugé et condamné en 1994 après son arrestation à Chypre.

2. Le prénom a été changé. Entretien avec l'auteur, septembre 2021.

de commerce et des prostituées qui racolent sur Internet, le lieu, à la sortie du quartier Saint-Antoine, a été pour le fils de Malika celui d'une rencontre fatale, une nuit de 2009. Loin de tout témoin, tapi derrière cette courte haie, le tueur cagoulé surgit pour vider son chargeur sur ce garçon turbulent, dont la mère sait depuis longtemps qu'il a mis le doigt dans l'engrenage infernal du trafic de drogue. Ce jour-là, il est accompagné d'une jeune femme. La maman demeure persuadée que celle-ci a attiré son fils dans le piège. Ce dernier dealait aux Micocouliers, une cité dont les habitants vivent sous la coupe des caïds et où la venue des forces de l'ordre est vécue comme une bouffée d'air frais[1]. Ici, 80 % de la population vit des aides sociales et subit un chômage chronique. Les profits tirés du trafic sont donc une alternative à la misère. Mais Malika, quelles que soient les « bonnes explications », ne pardonne pas à ces trafiquants, d'origine algérienne comme elle. Elle les méprise et leur reproche d'être les grands maîtres de la ronde de la came dans les quartiers. Son fils est mort car il était en conflit avec d'autres trafiquants aux Micocouliers. Le marché est juteux.

Ici, on est prêt à tout pour conserver son territoire, son point de deal où les « bourges » des quartiers sud viennent régulièrement s'approvisionner. Marseille est coupé en deux, quartiers nord/quartiers sud. Au nord, 250 000 habitants pour la plupart issus de l'immigration postcoloniale venue d'Algérie (beaucoup), de Tunisie,

1. L'auteur a pu le constater lors d'une opération menée sur place par la PJ en 2014.

du Maroc et d'Afrique subsaharienne, qui ont créé leur univers dans cet enfer de béton sordide, où la seule loi n'est pas celle de la République, mais celle du plus fort[1]. Au sud, c'est la Corniche, le soleil, la mer et le fric. Enfin, ça, c'est pour la légende car il y a aussi des quartiers mal en point, comme les cités Air Bel ou La Cayolle. Leurs habitants sont juste un peu plus près de la mer.

Malika est née ici à la fin des années 1950, elle n'a connu que Marseille et quelques voyages au « bled » pour retrouver les racines, mais où l'accueil n'est pas toujours là. Elle sent parfois une sorte de méfiance. Cette femme est une déracinée qui rêve d'une terre apaisée qu'elle ne connaîtra jamais : « Je veux qu'on aide ces jeunes, mais on ne fait rien. Je veux quitter Marseille. Vous savez, j'habite à côté des tueurs de mon fils et de mon mari, c'est insupportable, cette ville est malsaine[2]. » Malika a effectivement tout perdu à Marseille, ses illusions et ceux qui lui étaient le plus chers : son mari a eu le tort de vouloir venger son fils. Et de ne pas s'en cacher. Les trafiquants n'ont pas fait de détail. Ce quinquagénaire était une menace, ils l'ont éliminé. Deux tueurs circulant dans une Peugeot l'ont coincé à bord de son Picasso sur la bretelle de sortie des Arnavaux. Le passager est descendu, cagoulé, une

1. Trois arrondissements, les 3e, 14e et 15e, affichent un taux de pauvreté supérieur à 40 %. Dans certains quartiers, sept personnes sur dix sont concernées par l'extrême pauvreté (Annie Vergnenegre, « Radiographie de l'une des banlieues les plus pauvres de France », France 3 région.fr, 8 décembre 2021).

2. *Ibid.*

kalach à la main – l'arme des règlements de comptes qu'on se procure pour 200 euros, issue des stocks désaffectés d'ex-Yougoslavie ou de Libye. La France est une passoire. Il suffit d'un arrivage dans les soutes d'un car venu des Balkans ou d'une commande sur le darkNet. Une première rafale, puis une deuxième sous un autre angle de tir à travers la vitre passager, puis une troisième... le quinquagénaire est criblé de balles de 7,62, comme au stand de tir. Il ne vengera jamais son fils. Et ses assassins ne seront ni arrêtés ni punis, ce qui nourrit le désespoir de Malika.

Cette femme connaît parfaitement leurs noms, mais elle ne parlera jamais car c'est trop dangereux pour sa sécurité et celle de ses enfants. Les tueurs sont des Algériens comme elle, des gens du quartier comme elle, mais eux ont choisi la violence alors qu'elle voue sa vie aux autres. Malika travaille dans le social. Elle connaît trop cette souffrance qui mine ces zones de non-droit. Les « Arabes », comme elle les appelle, se trouvent depuis des années en guerre ouverte avec les Comoriens. Et le massacre est loin de s'arrêter. Mais, pour elle, les Comoriens ne sont rien : « Ce sont des petits caniches, les gros ils sont chez nous. Ils dirigent tout. » Sous-entendu, y compris les « Blacks ». Malika est une femme épuisée, révoltée par la folie des hommes. Marseille sera son linceul. Elle le sait.

***

Pourtant, les Comoriens ont pris du galon et de l'indépendance ces dix dernières années. Peut-être en réaction à l'assassinat de l'un de leurs proches, un certain Frédéric Tapia, flingué sur son scooter alors qu'il circulait dans le quartier de Malpassé, à l'été 2008. Tapia était le fils d'un gros trafiquant réfugié en Espagne. Il était proche d'un clan qui monte en gamme, les Ahamada. Un policier se souvient : « Les Ahamada, on les a vus grossir au milieu de l'année 2008 autour de leur chef Djoussouf, que l'on surnomme Sénateur, et de son bras droit de frère, Oukoutoub, dit Beur. Ce sont des gens très organisés ; lors d'un assassinat, ils ont placé un guetteur avec des jumelles sur le toit d'une tour de la cité des Cyprès, qui a donné le top départ[1]. » Face à eux se dresse une autre équipe, celle des Gitans : les frères Nicolas et François Bengler, deux chiens fous du crime qui ont eux aussi décidé de prendre en main les quartiers nord et louchent sur le fief des Comoriens, la cité des Lauriers, qui deviendra au fil des ans une véritable usine à came. Les Bengler ne vivent pas dans les quartiers, mais ont établi leur QG à quelques kilomètres, entre Aix et Marseille, dans la zone de Simiane, bien connue des voyous marseillais. Les Gitans sont à l'origine de la mort de Tapia, et les Comoriens vont leur répondre avec une incroyable violence.

Le 27 janvier 2009, sous un pont SNCF dans le quartier de Sainte-Marthe, cinq membres de l'équipe des Gitans sont arrêtés à un feu rouge à bord d'une Peugeot 405 quand une autre voiture s'approche. Les kalachs

1. Entretien avec l'auteur, octobre 2021.

et les PA[1] crachent la mort. On retrouvera près de 200 douilles sur les lieux. Le chauffeur, Gilles D'Amico, est frappé d'une quinzaine d'impacts, deux passagers sont tués, Habib Ayari et Michaël Mendy. Deux victimes parviennent à sortir du véhicule. Jonathan Garcia ne fera que quelques mètres avant de s'écrouler sur la chaussée. Grièvement blessé, il sombre dans le coma mais survivra. L'autre, Jean-Charles Lombard, est plus légèrement touché. L'un des survivants donnera un signalement de ses agresseurs, puis se rétractera, menacé de mourir lui aussi s'il brise la loi du silence. Pour la police, cela ne fait aucun doute : les Comoriens viennent de signer une entrée fracassante dans le *Who's who* sinistre des quartiers nord. Encore aujourd'hui, des fleurs sont régulièrement déposées sous le « pont de la mort », signe que cette affaire a marqué les habitants. Jacques Dallest, alors procureur de la République, a le sentiment qu'en l'espace de dix ans rien n'a vraiment changé : « J'ai l'impression de redire ce que j'ai déjà dit à l'époque. Il convient de demeurer très humble face à ce fléau. Nous avons une succession de faits qui créent une dramatisation de par le fait que les victimes sont jeunes et que les crimes interviennent dans des circonstances précises, souvent violentes. On en revient toujours à l'éternel débat sur ce que l'on peut faire, et ce que l'on doit faire. Je ne crois pas que la police et la justice détiennent à elles seules les clés pour régler ce problème. De fait, on entre dans une sorte de cercle vicieux, si on arrête trop, cela peut générer des

1. Pistolet automatique.

règlements de comptes. Autre effet pervers, on place des gens en prison, en pensant les neutraliser, qui se vengent quand ils sortent de détention[1]. »

Jacques Dallest, qui a occupé ce poste stratégique entre 2008 et 2013, se souvient des visites successives de Nicolas Sarkozy et François Hollande, dont le discours était toujours le même : « Monsieur le procureur, il faut arrêter tout ça. » Et pourtant, rien ne s'est arrêté, bien au contraire. Pour les Bengler, il n'y a pas de place pour les discours de paix et la réflexion. La tuerie de Sainte-Marthe confirme une déclaration de guerre des Ahamada, précédée, dès juin 2008, par un autre événement important : la tentative avortée d'assassinat contre François, alors qu'il se trouvait avec sa fille dans son véhicule. Une balle avait terminé sa course dans l'appuie-tête, à quelques centimètres de celle de l'enfant. François a juré de se venger. Et ce jour semble venu le 19 novembre 2010 quand, à 22 h 15, deux véhicules s'engouffrent entre les quatre barres d'immeubles de la cité du Clos la Rose. Deux tireurs s'extirpent d'une Audi TT et d'une Alfa GTA de couleur rouge pour ouvrir le feu sur l'arrière du bâtiment 41. Assis dans son fauteuil de « chouffeur » où il fait le guet comme tous les soirs, le jeune Jean-Michel Gomez, 16 ans, est touché le premier. Il décédera peu après son admission à l'hôpital. Les tueurs se dirigent vers le hall de l'immeuble et ouvrent le feu sur le petit Lenny, 11 ans. Grièvement blessé à la mâchoire par un projectile, il

1. Entretien avec l'auteur, novembre 2021, enquête pour le site FILD Media.

échappe à la mort, une autre balle lui frôlant la veine jugulaire. Lenny est un miraculé. Ce soir-là, il se rendait chez sa tante qui habite au deuxième étage.

Pour les enquêteurs de la PJ, il n'y a guère de doute, les Bengler sont dans le coup et Marseille a peur. La déposition d'un témoin anonyme confirmera, un an plus tard, l'intuition des policiers en révélant les dessous de l'affaire. L'homme affirme dans une déposition terrifiante qu'un fait crucial qui a eu lieu une semaine avant l'attaque :

> Le début de cette histoire remonte tout d'abord à la fusillade qui s'est déroulée au niveau de l'avenue des Olives à Marseille le 11 novembre 2010. En effet, ce jour-là, un jeune répondant au nom de Franckie Notta s'est fait tuer par deux individus. Ce jeune était une bonne connaissance des frères Bengler car, à sa mort, il y a eu une réaction affective assez forte des frères Bengler et de leur bande. Donc la fusillade du Clos la Rose est la réponse suite à la mort de Notta. En effet, Jean-Michel, le jeune de seize ans qui est mort au Clos la Rose le 19 novembre 2010, était un ami de R. Je tiens à vous préciser que R. est un trafiquant de drogue qui fournit différents quartiers de Marseille. C'est ce R. qui a donné l'autorisation aux tueurs d'éliminer Franckie Notta, mais je ne sais pas exactement les raisons qui ont poussé R. à donner le feu vert aux tueurs. Pour se venger, les frères Bengler sont montés au Clos la Rose dans le but de tuer quelqu'un de la bande de R[1].

1. Ordonnance de non-lieu partiel, requalification et de mise en accusation devant la cour d'assises, 10/104124, p. 9.

Ce témoin désigne alors François, l'aîné des deux frères Bengler, comme celui qui aurait tiré sur le jeune Jean-Michel. Il explique qu'il était accompagné de son frère Nicolas qui, lui, aurait tiré sur l'autre victime, le jeune Lenny.

Un deuxième témoin confirmera anonymement cette déclaration, corroborée par celles du jeune Lenny qui identifie formellement les Bengler. Le dossier semble bouclé. À tort.

Six ans après la fusillade, coup de théâtre aux assises d'Aix-en-Provence. Les frères Bengler sont acquittés pour l'attaque du Clos la Rose car personne ne se souvient plus de rien... À commencer par le jeune Lenny qui, tout tremblotant à la barre, revient sur ses déclarations initiales. Preuve que l'omerta et la peur gouvernent ces quartiers nord et que la justice a bien des difficultés à passer face à un tel climat.

Cet acquittement, malgré de très lourds soupçons, n'est qu'un répit pour ces deux caïds qui se verront condamnés le 13 octobre 2016 à vingt ans de prison pour l'enlèvement du frère d'un buraliste du parc Kallisté. En décembre 2010, les Bengler avaient séquestré la victime pendant six jours dans une villa isolée, lui infligeant coups et menaces de mort, sous prétexte d'un différend autour d'une transaction de drogue.

***

La satisfaction des Ahamada de voir leurs ennemis jurés incarcérés pour de longues années est de courte durée. En 2017, le procès du plan des Lauriers s'ouvre devant le tribunal correctionnel de Marseille, preuve que la police a fait son travail en neutralisant (provisoirement) l'un des réseaux les plus puissants de la ville. Un procès hors norme réunissant vingt-huit prévenus qui écopent au total de… cent sept années de prison[1]. La justice veut frapper fort au cœur des rues barbares et les mots de la procureure Sophie Couillaud durant ses réquisitions le sont tout autant : « Le réseau des Lauriers, ce n'est pas une petite entreprise familiale. On est dans une logique entrepreneuriale avec division du travail et maximisation des profits. » Les chiffres communiqués au cours de cette audience donnent le vertige : près de 900 clients par jour, un chiffre d'affaires quotidien de 50 000 à 122 000 euros. Le plan des Lauriers est une véritable usine où s'affairent des « guetteurs » qui parcourent la cité en scooter pour alerter de la moindre présence policière, des « charbonneurs » (dealers) avec leurs sacoches bourrées de shit et de fric, des « nourrices » qui cachent came, armes et argent dans leur appartement pour un salaire de 2 000 euros par mois, des « gérants », des « superviseurs », un « garde de nuit » et même un « état-major » qui veille à la bonne marche du business.

Le cas des nourrices est exemplaire. Il s'agit souvent de femmes seules d'origine européenne choisies en raison de leur profil sans histoire et de leur casier judiciaire vierge. À vrai dire, elles n'ont guère le choix : accepter ou partir. Aux Lauriers, 300 000 euros sont

1. Denis Trossero, « Marseille : 107 ans de prison prononcés au procès de stups des Lauriers », *La Provence*, 15 novembre 2017.

saisis chez trois d'entre elles. N'oublions pas, dans cet organigramme les petites mains qui commandent les pizzas durant les longues journées de deal, appellent les taxis, louent les véhicules. Deux équipes se relaient sur le plan, l'une, de 9 heures à 17 h 30, l'autre, de 17 h 30 à 2 h 30, heure de fermeture de la boutique. Toute une logistique suit : des barils d'essence pour les scooters des « chouffeurs », des machines à compter les billets, etc. Un comptable tient une feuille de route méticuleuse des ventes. Le clan est une microsociété mafieuse qui veille à tout dans la cité. Il vient en aide à la mère de l'un des membres du clan assassiné en 2008. Tout est budgété. On veille à ce qu'elle ne soit jamais dans le besoin, on envisage même de lui acheter une petite maison pour ses vieux jours. Un poste budgétaire est aussi prévu pour venir en aide aux détenus, pour payer les avocats.

« La mafia est un mode d'organisation sociale », expliquait à l'auteur Rosario Crocetta en 2013 lors d'un séjour en Sicile. Celui qui a été l'un des plus ardents combattants de la Cosa Nostra a réussi, au terme d'un parcours exemplaire de courage et d'abnégation, à affaiblir le réseau criminel en luttant sur le terrain politique. Il parvient cette année-là à prendre la présidence de la région Sicile. Mais si les héritiers de Toto Riina et Bernardo Provenzano sont touchés, il sait qu'il est loin d'avoir vaincu la Pieuvre. Elle renaît toujours. À Marseille, c'est un peu la même chose. La mafia est bien présente dans les quartiers nord, pérennisée dans ces cités tenues par des clans qui sont de fait des structures interethniques, les affidés passant d'un clan à l'autre. Un Maghrébin chez les Comoriens, un Comorien chez les Maghrébins... Quant aux habitants, ils doivent faire allégeance au chef, en l'échange parfois d'un service, car le clan a non seulement un pouvoir économique, mais des ramifications politiques au sein de la mairie centrale et des mairies de secteur.

Dire que des familles profitent du produit du trafic de drogue est fort mal perçu, pas très politiquement correct, à tel point que la préfète de police Frédérique Camilleri se fend d'une mise au point à l'automne 2021 dans les colonnes de *L'Obs* : « Ce n'est pas vrai de dire que tout le monde profite de l'argent de la drogue dans les cités, dire cela est caricatural. L'argent va d'abord aux têtes de réseaux installées à Dubaï ou au Maroc, ou alors dans la poche des responsables de points de deal. Il y a peu d'argent redistribué dans les cités[1]. » Ce n'est pas sérieux, car la drogue est un véritable poumon qui fait tourner l'économie du quartier. Si la manne est principalement destinée aux cousins, amis et « proches des amis des proches », la puissance de l'argent permet à ces équipes d'arroser large, ne serait-ce qu'en rémunérant de jeunes chouffeurs qui peuvent ainsi nourrir une famille entière à l'aide des 100 à 150 euros grappillés pour une journée de surveillance. Il suffit de se placer sur le boulevard Henri-Barnier, aux portes de la plus célèbre cité de la ville, berceau d'un certain Zinedine Zidane, pour assister en fin d'après-midi à un incroyable manège. Des jeunes glissant comme des ombres dans

1. Violette Lazard et Matthieu Aron, « Ici un gamin meurt tous les six mois : avoir 15 ans dans les quartiers nord de Marseille », *L'Obs*, 15 octobre 2021.

leur survêtement noir et leur capuche sortent de l'école située en face des plans stups de la Castellane, puis traversent tranquillement la route pour prendre leur poste de « chouff », leur sac sur le dos... Les devoirs, ce sera pour plus tard.

Retour au tribunal. Assis sur le banc des prévenus, les frères Djoussouf et Oukoutoub Ahamada écoutent sans sourciller le prononcé du jugement qui leur inflige respectivement douze et dix années de prison pour le trafic de cigarettes, ce qui ne changera en réalité pas grand-chose à leur commerce. « À le voir comme ça, on ne devinerait pas que Sénateur [Djoussouf] est un chef de clan. Il s'est montré plutôt discret au procès, s'exprimant avec retenue. Ces gens-là dans le "civil" sont en apparence tout à fait présentables. Mais dans leur business, loin des regards, c'est autre chose », explique maître Alain Lhote, qui défend au procès du trafic des Lauriers l'un de leurs affidés, Younès Laateur, footballeur reconnu, soupçonné d'avoir participé avec les Ahamada à la tuerie de Sainte-Marthe[1]. Aux Baumettes, sorte d'hôtel trois étoiles de la mafia marseillaise, on raconte qu'ils sont les rois, ne manquent de rien grâce à la complicité de matons auxquels on graisse la patte. Ils ont droit à tout et continueront à commander depuis leur geôle, avec leurs téléphones portables dernier cri, leur petit royaume de la came. Il s'agit d'une guerre éternelle que ni la justice, ni la police ne peuvent gagner. Seule une réelle volonté politique d'en venir à bout

1. Djoussouf et Oukoutoub Ahamada, Younès Laateur ont bénéficié dans un premier temps d'un non-lieu dans cette affaire avant qu'une nouvelle instruction toujours en cours ne soit ouverte.

pourrait à long terme modifier la donne, briser le paradigme. Même si ce jour-là, devant le tribunal correctionnel, force semble être restée à la loi.

Tir, Berrebouh, Remadnia : les cousins maudits

Saïd Tir était considéré comme le patriarche de la famille ; il n'avait pourtant que 60 ans, mais, chez les Tir, on ne vit pas très vieux. Avant de mourir sous les balles des tueurs le 27 avril 2011, celui que tout le monde surnommait Tintin avait mis en garde ses proches : après sa mort, ses fils, neveux, cousins allaient tous tomber eux aussi. Et la prédiction se confirme. Entre 2011 et 2019, pas moins de six membres de la famille Tir ont été éliminés. La cause : une guerre pour le contrôle de la cité Font-Vert contre les Remadnia, dont un proche, Karim Seghier, a été assassiné un an avant par Saïd Tir. Une guerre qui fera au total vingt-neuf morts. Princes dominateurs depuis des années d'une autre banlieue lucrative, Les Flamants, les Tir n'ont qu'une obsession : prendre le dessus sur ces ennemis originaires du même village algérien.

Font-Vert est l'un des plans les plus rentables des quartiers nord et les deux familles occupent les lieux. Aucune n'entend se laisser détrôner par l'autre. Les Tir trouvent des associés de poids pour faire pencher la balance : les Berrebouh, dont le chef de file, en cette année 2012, est l'aîné de la fratrie, Mehdi. De la graine de violence à l'état pur, un garçon forgé dès son plus jeune âge à la dureté des cités. Dès l'âge de 12 ans, il est impliqué dans les dégradations opérées de nuit dans les locaux de l'école primaire où il est scolarisé. À l'arrivée des policiers, la directrice n'a guère de doutes sur l'auteur des faits et désigne le jeune Mehdi, qui est confondu par des taches de peinture restées collées sous ses chaussures. Il en sourit devant le policier qui l'interroge. Mehdi est un dur de dur et en impose grâce à son gabarit devenu, avec le temps, impressionnant. Il sait se faire respecter et n'hésite pas à couper l'oreille d'un rival avec une hache pour faire passer des messages plus que clairs. À ses côtés, son frère Hakim est plus discret mais sa corpulence tout aussi colossale lui vaudra le surnom de Marcassin ou la Baleine. Alliés aux Tir, ils forment un tandem redoutable qui se heurte de front aux Remadnia pour le contrôle du marché du shit et de la coke tant convoité.

On peut s'étonner que la mère de ces garçons, Haddah Berrebouh, soit très investie dans le travail associatif pour aider les populations des quartiers, décorée de la Légion d'honneur en 2000, puis de l'Ordre national de mérite en mai 2008, pendant que ses fils dérivent dans le commerce de la mort lente. Nouveau mystère, nouvelle dichotomie. Tout cela dans le même lieu avec, semble-t-il, la bénédiction des élus locaux[1].

***

1. À ce sujet : Philippe Pujol, *La Fabrique du monstre*, Paris, Les Arènes, 2016.

Ce mystère en renvoie à un autre, dans un étrange jeu de connexions sulfureuses entre politique, police et justice : le démantèlement, en 2012, de la BAC nord – « brigade anticriminalité » –, l'unité d'intervention la plus efficace de la ville. À l'origine, un « ex-bacqueux », Sébastien Bennardo, évincé en raison de fautes professionnelles, qui a présenté, dans la presse et dans un livre[1], la brigade comme un ramassis de ripoux, évoluant dans une ambiance de règlements de comptes. Il était appuyé en sous-main par un autre ancien qui a parfois tenté de manipuler les médias. Ce cocktail délétère et efficace a embarqué dans la galère quelques grands médias parisiens qui, de fait, ont contribué à faire monter la pression.

L'un des anciens responsables de l'unité de l'époque – qui, au demeurant, a été totalement mis hors de cause dans cette affaire – se souvient comme d'un traumatisme de ce matin d'octobre 2012 où l'IGPN, les bœuf-carottes, a débarqué dans les locaux de la division nord *manu militari* et a découvert, dissimulés dans le faux plafond, quelques doses de cannabis, un pied-de-biche et des bijoux de pacotille. Chacun sait que les bacqueux ont coutume de rémunérer certains indics avec des prises trouvées dans les appartements qu'ils « visitent », pied-de-biche en main. Parfois, la descente est particulièrement musclée au milieu de dealers hostiles et surarmés. Certains diront qu'ils s'accommodent à leur façon du Code de procédure pénale afin de remplir les objectifs fixés par la hiérarchie. L'enquête révélera des

1. *Brigade anti-criminalité*, Paris, Flammarion, 2013.

pratiques déontologiquement plutôt *borderline*, dont il est vrai que certains ont abusé, mais elle ne confirmera pas les accusations de Bennardo, qui évoquait un racket organisé des dealers, voire la mise en place d'un trafic parallèle par les policiers. Plus troublant encore, l'affaire montrerait, en bout de course, que des sonorisations pratiquées par l'IGPN dans plusieurs voitures de patrouille de la BAC durant l'enquête n'ont pas été correctement retranscrites[1].

Au sein de la BAC, des hommes et des femmes rattachés à la sécurité publique pratiquent ce que l'on appelle le « saute-dessus », en complément du travail de démantèlement des réseaux mené par la police judiciaire. Leur boulot : une action permanente de harcèlement sur le terrain, qui perturbe fortement les plans des caïds. Triés sur le volet, les bacqueux aiment l'action, la bagarre aux points de deal, les courses à pied dans les méandres des cités tristes, les planques interminables pour coincer un charbonneur et rapporter un trophée : une sacoche bourrée d'argent et de came. Des objectifs sont fixés : vingt-huit affaires par mois pour chacune des quatre unités de la BAC nord, selon l'ancien responsable de la brigade précité. L'ex-responsable en poste à l'époque confie : « En octobre 2012, nous avions réalisé pas moins de 4700 affaires [...]. Manuel Valls, avant de dissoudre l'unité, nous avait félicités au cours

1. Lire à ce sujet l'enquête documentée de l'auteur parue à l'été 2016 dans le trimestriel *Sang-Froid*. « Police : la face cachée du scandale de la BAC Nord de Marseille ». Numéro 2.

d'une réunion à Paris en nous disant que nous étions la meilleure BAC de France. On connaît la suite[1]. »

Dix ans après la prétendue plus grande affaire de ripoux révélée dans la police française, le scandale s'est largement dégonflé sur le terrain judiciaire[2]. Toutefois, la dissolution de la BAC, la mutation de la plupart de ses membres loin de Marseille et l'issue surprenante des dix-sept mises en examen prononcées à l'époque ont surtout eu pour effet très négatif d'éloigner des quartiers nord des agents de terrain particulièrement aguerris et compétents. Ils remontaient d'utiles informations à la PJ.

Pourquoi, quand notre témoin, ancien chef de la brigade à l'époque, a informé la préfecture de police de l'arrivée d'un go-fast à la cité Font-Vert, cette information n'a, curieusement, donné lieu à aucune suite... ? Alain Gardère, préfet de police en 2012 – placé là par Nicolas Sarkozy –, était d'ailleurs largement sur la sellette pour avoir remué plus que de raison cette affaire tordue de la BAC qui, de l'aveu d'une grande partie de la sphère policière, aurait pu être réglée avec discernement par des mesures administratives adaptées sans menacer l'unité. Qui a poussé le préfet Gardère dans ces abysses médiatiques et judiciaires ? C'est l'énigme de l'affaire de la BAC nord où sont mises en scène des interventions politiques supposées sulfureuses,

1. Témoignage recueilli par l'auteur, *ibid*.

2. En première instance, le tribunal correctionnel prononce des peines de deux mois à un an avec sursis et prononce sept relaxes. Parmi eux Sébastien Soulé commente : « Pendant neuf ans j'ai été traîné dans la boue. »

elles-mêmes liées aux intérêts de certains trafiquants. Notre témoin s'interroge ainsi sur le rôle insidieux de quelques politiques locaux dans la gestion des trafics dans les quartiers nord, et son jugement est sans appel : « Notre travail est pourri par les élus, par la franc-maçonnerie. Tout est fait pour que le business et le trafic de drogue prospèrent. L'argent de ces ventes est recyclé dans l'économie locale. Ça arrange tout le monde[1]. »

L'indispensable police de terrain mettra des années à s'en remettre et la mise en place des brigades spécialisées de terrain (BST) ne se fait pas sans accrocs. Le démantèlement précipité de la BAC a eu pour effet immédiat de relancer la guerre Tir-Berrebouh/Remadnia, puisque plus personne ne se dressait au quotidien sur leur route. Un sentiment d'impunité s'est emparé de ces quartiers, où l'on peut désormais dire : « Les flics sont pourris. » En 2008, l'assassinat d'un indic précieux de la BAC dans la cité des Oliviers montre en tout cas que ces vrais enquêteurs touchaient en permanence au but. Et dérangeaient[2].

***

Le champ est donc libre, la guerre peut reprendre de plus belle. Chez les Remadnia, la première tête tombe : celle d'Ilyas, 25 ans. Il circule au volant d'une Audi A3

1. *Sang-froid*, *op. cit.*
2. Le contexte est décrit en termes fort réalistes dans le film *BAC nord* (2020) du cinéaste Cédric Jimenez, par ailleurs réalisateur de *La French* (2014).

sous les fenêtres de la cité Font-Vert en avril 2012 quand le passager d'un scooter le met en joue et l'arrose de plombs. 2012 sera une année noire, quatorze morts et vingt-huit tentatives d'assassinat. Nora Preciozi « remercie Dieu que [s]on neveu n'[ait] pas été tué à la kalachnikov, sinon [elle] n'[aurait] pas pu l'embrasser[1] ». Cette ancienne adjointe au maire, aujourd'hui élue de la métropole, a vu sa famille décimée, comme celle des « cousins », les Tir. Affligeant.

Les Tir, eux, se disent proches de Samia Ghali, actuelle adjointe à la mairie et maillon fort du Printemps marseillais. Dès 2012, elle s'est placée en chantre de la lutte contre la violence et la drogue dans les cités, réclamant l'intervention de l'armée, ce qui a contribué à son explosion médiatique et a soulevé un tombereau de critiques à droite comme à gauche de l'échiquier politique. Alors sénatrice et maire des 15e et 16e arrondissements, elle dresse un constat qui dérange dans les colonnes de *La Provence* : « La vérité, c'est que le premier employeur des jeunes dans certaines cités, c'est le trafic de stupéfiants. La drogue fait vivre des familles entières. Les armes prolifèrent. On se tue pour un oui, pour un non. Si rien ne bouge, on se dirige tout droit vers un système à l'américaine avec des gangs qui se font la guerre sur des territoires où la loi n'a plus cours[2]. » Dix ans plus tard, rien n'a changé. La sombre prédiction,

1. Luc Leroux, « Vie et mort d'enfants de Marseille », *Le Monde*, 21 septembre 2012.
2. Propos de Samia Ghali dans Sophie Manelli, « L'armée au secours des cités », *La Provence*, 30 août 2012.

tant dérangeante, s'est réalisée sous le ciel des quartiers nord. Pis encore, le mal s'est aggravé.

Quelques jours après la mort d'Ilyas, la vendetta a frappé Farid Tir, le 11 avril 2012 à Marseille, puis Karim Tir en juin 2014 à Asnières, d'une balle tirée en pleine poitrine. 2014, année de sang elle aussi, voit disparaître des personnages clés des trois clans, dont Mehdi Berrebouh, coincé avec sa Clio sur l'autoroute A7 alors qu'il sort de prison et se rend au cabinet de ses avocats dans le centre-ville. L'Aixois Luc Febbraro se souvient avoir longuement attendu son client aux côtés de son confrère marseillais Dominique Mattei. Tous deux se sont regardés et ont rapidement compris que quelque chose était en train de se passer. Alors que les avocats s'inquiètent, un terrible scénario se joue à quelques kilomètres : les tueurs font descendre leur proie de sa voiture, la contraignent à s'allonger face au sol. La kalach crache ses balles mortelles dans le dos du supplicié. Puis, pour terminer la saga des Tir, Farid (homonyme de son oncle), considéré comme un caïd, est abattu lui aussi en août 2019 dans un hôtel.

De l'autre côté de la rue, l'un des points culminants de la guerre demeure, le 18 juillet 2014, l'assassinat de Zachary Remadnia, dit Zack, considéré par beaucoup comme le pire des tueurs du clan malgré ses 25 ans[1].

---

1. L'autre grand tournant de la guerre se joue avec l'exécution de Mehdi Remadnia, le 7 février 2017, alors qu'il vient de déposer une amie devant son domicile d'Allauch. Surnommé l'Ours et âgé d'à peine 33 ans, il était décrit comme charismatique. Il était sorti de prison un an plus tôt après avoir purgé une peine de quatorze années.

Pour liquider Zack, les Tir ont mis les moyens : une Golf volée, de fausses plaques et une artillerie impressionnante. Arrivés sur les lieux, les policiers constatent que Zachary Remadnia a été atteint à vingt-trois reprises, dont quatre à la tête. La Golf abandonnée brûlera dans la nuit marseillaise.

On pourrait penser qu'il faudra de longs mois pour résoudre l'affaire, mais une petite révolution secoue alors la PJ, qui applique, sous l'impulsion de Fabrice Gardon, le numéro deux du service, une nouvelle méthode dite « proactive » : investiguer sur les clans en amont, par le biais d'enquête d'initiative afin de décrypter les connexions des uns et des autres. On ne se contente plus désormais de travailler à partir de scènes de crime. Les écoutes s'avèrent ainsi un élément déterminant dans la résolution des affaires. Des sonorisations pratiquées dès le 13 juin 2014 et versées au dossier ont permis de cerner le projet criminel autour de l'exécution de Zachary Remadnia et de cerner les protagonistes potentiels. Hichem Tir et Sofiane Agueni évoquent dans leurs conversations leur volonté de venger la mort de Farid Tir et de Mehdi Berrebouh. Hichem Tir : « Je peux l'avoir facile, j'ai des gens proches de lui qui me le donnent propre… » Ce à quoi Agueni rétorque : « J'ai des sous et du feu. » Il évoque deux « mini-K », K pour kalachnikov[1]. Tous ces éléments n'auraient sans doute pas été révélés si la police n'avait pas fait preuve d'anticipation pour élucider en

1. Arrêt pénal de la cour d'assises d'appel des Bouches-du-Rhône, 12 février 2021, qui confirme la condamnation des protagonistes de l'affaire mais acquitte Eddy Tir, faute de preuves.

aval ce règlement de comptes. C'est aussi la preuve d'une certaine immaturité de ces gangs qui montent en puissance.

Fabrice Gardon, rencontré par l'auteur en 2016, explique que ces clans ont alors encore besoin de liens avec le milieu dit « traditionnel » et que, pour récupérer notamment d'importantes livraisons de coke, ils étaient souvent contraints de faire appel aux cartels d'Amérique du Sud *via* les contacts corses. Après le néobanditisme des cités, voici donc l'apparition du narco-banditisme, sorte de joint-venture entre les anciens et les modernes des quartiers nord, qui se développe autour d'une multitude d'activités, de l'extorsion de fonds aux braquages et au trafic d'armes. Mais tout est recyclé dans un seul but : le trafic de came qui rapporte des sommes alors estimées à 12 millions d'euros par mois pour la seule ville de Marseille[1].

> Tout mène ou provient des stups, explique Fabrice Gardon dans une note adressée à la DCPJ, 80 % des règlements de comptes, mais aussi une grande partie des braquages commis soit pour avoir une mise de départ et se lancer dans les stups, soit pour rembourser une dette après la perte, le vol ou encore la saisie d'argent ou de produits par la police. Évidemment, le trafic d'armes a explosé, car toutes les équipes dignes de ce nom aujourd'hui à Marseille possèdent un armement lourd et, enfin, l'extorsion, l'enlèvement, la séquestration qui font souvent office d'avertissement et parfois de première étape vers un assassinat, et le blanchiment industriel, notamment dans

1. Révélée dans Romain Capdepon, « Marseille : l'inquiétante alliance du Milieu et des bandits des cités », *La Provence*, 11 juillet 2015.

l'immobilier et les commerces, qu'ont mis en place les gérants de ces réseaux.

Et comme l'argent afflue, ces jeunes, dont la durée de vie suit le minuteur de la guerre de la came, vont claquer leurs liasses de billets sales dans les bordels de la Jonquera en s'embarquant à bord de leurs Audi cabriolet flambant neuves. C'est la ruée vers l'or de ces futurs caïds fascinés par *Scarface*. Les putes un jour, la mort le lendemain. Des trafiquants en sursis pour la plupart. Pendant ce temps, la vendetta des Bengler contre les Blacks se ravive, à travers l'histoire tragique d'un certain Babouin.

Babouin, victime des Clockers

Depuis l'année 2009 et la sombre tuerie sous le pont de Sainte-Marthe qui a causé la mort de plusieurs membres du clan des Gitans Bengler, la guerre des gangs a pris une autre dimension. Et ce qui s'est passé le 24 décembre 2011 l'a cruellement confirmé. Le récit froid rapporté par la justice se passe de tout commentaire :

> Le 25 décembre 2011, la PJ de Marseille était avisée de la découverte de trois cadavres calcinés dans un véhicule incendié au 41 chemin des Fraises des Pennes-Mirabeau. Les policiers avaient été prévenus à 22 h 32 et après avoir éteint l'incendie avaient découvert les trois cadavres aux places arrière, dont deux aux extrémités étaient en position assise alors que celui du milieu était ventre contre la banquette. Des impacts de balles étaient constatés;

sur l'extérieur de l'aile arrière gauche et sur le dossier du siège arrière central. Une trajectoire était réalisée pour la balle sur l'extérieur de l'aile : elle allait du milieu de l'habitacle à l'avant vers l'extérieur. La porte avant droite était ouverte, la droite était fermée.

Les victimes, Sonny Albarello, Nouri Oualan et Mohamed Bouhembel, étaient toutes connues des services de police. L'enquête révélera que ce trio avait pour objectif de prendre la main sur un trafic de stups aux Micocouliers, contrôlé par un clan puissant, celui des Laribi, par ailleurs omnipotent dans la cité Bassens. Ce triple homicide marquera lui aussi l'histoire criminelle marseillaise.

Quatre ans plus tard, ce qui préoccupe les policiers de la PJ est la sortie de prison d'un individu particulièrement dangereux : Mohamed Mhoumadi, un vrai dur des quartiers nord qui affiche à son compteur pas moins de dix-sept condamnations entre 2002 et 2014. Bien qu'il soit d'origine comorienne, celui que l'on surnomme Babouin a pour particularité d'avoir rejoint l'équipe des Bengler pendant plusieurs années et de n'avoir qu'un but : venger l'assassinat, le 1er novembre 2012, de son frère Nassim par les « Blacks ». Dès sa sortie de détention, en 2015, une saga criminelle hors du commun commence. Le premier volet : des expéditions pour tenter de fermer plusieurs points de vente tenus par les Blacks dans les zones de la Visitation et du Plan d'Aou – la dernière tenant une bonne place dans le top des cités les plus délabrées et sinistres de la ville, où même les policiers rencontrent des difficultés à pénétrer et à tenir le terrain. Babouin est clairement soupçonné d'être derrière cette opération. La hache de guerre est de nouveau déterrée.

Mais c'est surtout le triple homicide perpétré aux Lauriers dans la nuit du 24 au 25 octobre 2015 qui fixe une cible sur le dos de Babouin. Des témoins l'ont identifié parmi les membres du commando qui est entré cette nuit-là dans la cité – fief, rappelons-le, des Ahamada. Trois jeunes dont deux mineurs, Abdelmalik Aroun, Mohamed Alliat et Kamel Zaatout, ont été contraints de se déshabiller sous la menace des kalachs, puis abattus l'un après l'autre comme des chiens. La vendetta ne se fera pas attendre. Quinze jours plus tard, alors que Babouin est au péage du tunnel Prado-Carénage en pleine nuit, dans une BMW série 1 de couleur grise, entouré d'Anthony Costa, de son cousin Omar Mhoumadi et d'El Mounir Ahamadi, les caméras de surveillance détectent une autre BMW série 1, blanche cette fois, qui s'engouffre dans le tunnel et dépasse la grise. Le reste de la scène a été décrit dans le réquisitoire du parquet de Marseille et le timing donné par les vidéos, méticuleusement repris, comme le script d'un scénario digne d'un thriller du cinéaste Michael Mann. On voit la BMW blanche des chasseurs coincer la grise, laquelle décide de repartir en marche arrière après avoir essuyé plusieurs coups de feu.

> La BMW blanche commençait à reculer tandis que la portière avant droite s'ouvrait. Des impacts étaient vus sur la chaussée. Quatre secondes plus tard, la BMW grise remontait le tunnel en marche arrière : cinq secondes plus

tard était observée la fin de la marche arrière de la BMW grise qui se mettait en travers des voies, au niveau d'une bifurcation du tunnel, puis six secondes après étaient vus deux impacts sur la chaussée et l'arrivée de la BMW blanche en marche avant [elle a fait demi-tour pour repartir à contresens]. Anthony Costa se trouvait alors en avant du véhicule sur le côté droit, arme à la main, tandis que Mohamed Mhoumadi [Babouin] était au niveau de la portière arrière gauche (ouverte également), arme au poing [...]. Omar Mhoumadi sortait ensuite de l'avant gauche du véhicule et enfin El Mounir Ahamadi de la place conducteur.

Dix-neuf secondes plus tard, deux impacts au sol étaient observés avant le passage en courant d'Anthony Costa, suivi de Mohamed et Omar Mhoumadi qui partaient sur la gauche, puis de El Mounir Ahamadi qui obliquait vers la droite.

Douze secondes plus tard, El Mounir Ahamadi revenait vers la bifurcation et courait vers le tunnel de la Joliette. Quatre secondes plus tard, Anthony Costa surgissait du J3 [segment du tunnel], suivi de Mohamed Mhoumadi et d'Omar Mhoumadi. Parallèlement, la BMW blanche sortait du J2. Huit secondes plus tard, Mohamed Mhoumadi faisait feu sur ce véhicule. Sept secondes plus tard, la BMW blanche revenait et visait Mohamed Mhoumadi qui essuyait des tirs. Les deux silhouettes d'Anthony Costa et de Mohamed Mhoumadi s'éloignaient alors en retournant dans le tunnel J3.

Quatorze secondes plus tard, la BMW blanche percutait Anthony Costa et Mohamed Mhoumadi, tandis qu'une personne cagoulée à l'arrière gauche leur tirait dessus à la kalachnikov. Alors que la BMW blanche était à l'arrêt, le passager arrière tirait manifestement au coup par coup à plusieurs reprises sur Anthony Costa qui se trouvait au sol, puis passait le buste par la fenêtre arrière gauche du véhicule pour faire feu sur Mohamed Mhoumadi qui courait dans le tunnel J2. Mohamed Mhoumadi chutait alors au niveau du trottoir et le tireur visait alors Anthony Costa qui se trouvait toujours au sol. Le passager avant droit ouvrait alors la portière, commençait à sortir, puis la refermait. Pendant ce temps, Mohamed Mhoumadi se relevait tandis que le tireur orientait son tir vers lui.

La BMW blanche avançait, virait sur la gauche afin de suivre Mohamed Mhoumadi dans le tunnel J2. Voyant que le véhicule allait le percuter, Anthony Costa tentait quant à lui de se relever, mais la BMW lui roulait dessus.

21 secondes plus tard, Mohamed Mhoumadi sortait du tunnel J2, suivi de près par la BMW blanche qui le rejoignait, puis semblait être touché par un tir ou percuté par le véhicule[1].

Tel est le récit froid, glaçant, millimétré d'une exécution à Marseille une nuit de 2015. Un scénario de polar à l'issue tragique. L'enquête révélera qu'aux dires de témoins Babouin a en réalité été achevé par plusieurs coups de crosse violents portés à la tête qui ont provoqué une hémorragie cérébrale. Que ce soit Babouin ou Anthony Costa, ils n'ont pas échappé à leur destin écrit en lettres de sang. Seuls les deux autres passagers de la BMW grise ont pu en réchapper, sans doute marqués à jamais par cette séquence d'une brutalité inouïe.

L'originalité de ce dossier réside dans l'apparition d'une équipe de « clockers », terme qui désigne une

1. Réquisitoire définitif de renvoi devant le tribunal correctionnel, 15 juin 2018.

équipe d'experts recrutée par une autre – en l'occurrence, ici, par le clan Ahamada – pour préparer l'exécution. Ces experts ne participent pas directement au fait criminel mais l'accompagnent en utilisant des moyens sophistiqués de renseignement, notamment des balises placées sous les véhicules des cibles, qui tracent les allées et venues des futurs objectifs. Les clockers utilisent aussi des mini-caméras pour filmer les lieux fréquentés par les victimes, dont les images sont retransmises en direct *via* un routeur et Internet. Un crime 2.0 où la technologie a permis le repérage de la BMW grise dans laquelle avaient pris place Babouin et ses comparses.

Si, depuis cette tuerie, les tireurs n'ont pas été identifiés, les clockers, eux, ont eu à répondre de leurs actes devant la justice : la découverte, plusieurs mois plus tard, de balises placées sur d'autres véhicules par l'équipe a rendu possible la reconstitution du scénario[1]. Ainsi, le 8 novembre 2015, soit la veille des faits, on a su grâce aux puces que les « experts » se trouvaient près du domicile de Mhoumadi à Aubagne. De même, il a été établi que l'équipe avait pris place le soir du double assassinat dans un fourgon Ford Transit blanc qui suivait de près la BMW des tueurs et qu'ils communi-

1. Lors d'une perquisition opérée au domicile de l'un des membres des clockers, Abdelkrim Semlali, les policiers ont saisi un dispositif d'enregistrement d'images raccordé à une mini-caméra et à un boîtier d'accès Wi-Fi. Sur les voyants lumineux de cet appareil, un morceau de scotch noir avait été apposé afin que son clignotement ne soit pas décelable lorsqu'il était disposé derrière le pare-brise d'une voiture espion (jugement correctionnel du tribunal de grande instance de Marseille, 7e chambre, 12 décembre 2018, p. 29).

quaient entre eux par radio téléphone. D'un côté les espions, de l'autre, les exécuteurs. Le Ford Transit sera du reste filmé par les caméras de surveillance du tunnel, s'engouffrant dans le sillage de la BMW blanche des assassins avant de disparaître. Si personne ne se souvient de rien, les puces, elles, ont une mémoire infaillible.

Cet épisode démontre que les mafias des cités, par la sophistication des moyens déployés pour régler leurs comptes, sont bel et bien entrées dans une nouvelle ère.

De Marseille à Dubaï : l'ascension des quartiers

Nous sommes en novembre 2020 et une réunion de travail essentielle se déroule dans les locaux de la PJ marseillaise. Voilà cinq ans que Babouin a été liquidé sans pour autant que la terrible guerre des gangs qui mine les quartiers nord ne s'arrête. Le trafic explose. L'année 2016 a été marquée par un nombre record de règlements de comptes avec vingt-six assassinats recensés, puis la moyenne s'est stabilisée avec « seulement » un mort par mois. L'idée, en cet automne 2020, est de cibler des objectifs, en l'occurrence des têtes de réseaux qu'il convient de faire tomber pour tenter de réguler la terrible montée du marché de la drogue dans les cités et son lot de cadavres calcinés. Le directeur zonal Éric Arella et son adjoint Philippe Frizon sont à la manœuvre. Tous deux sont des as de la PJ qui affichent une solide expérience dans la lutte contre la criminalité organisée. Neuf objectifs sont alors désignés et c'est une véritable chasse à l'homme qui est lancée pour faire tomber des individus pour la plupart loin de Marseille, voire à l'étranger, signe que quelque chose est en train de bouger chez les trafiquants.

« Le banditisme est un milieu ouvert, nous sommes toujours dans la crise, explique Éric Arella, je tiens à souligner que certains des homicides commis dans les cités ne sont pas classés parmi les règlements de comptes, mais peuvent y être apparentés. Ces règlements de comptes obéissent à une logique : une guerre est souvent déclenchée par une trahison ou un conflit sur la marchandise. Pour combattre le crime organisé, la direction zonale de la police judiciaire qui couvre tout le sud de la France dispose de 1400 OPJ [officiers de police judiciaire], dont 500 pour la seule ville de Marseille, qui travaillent jour et nuit sur les réseaux. Par l'utilisation de la méthode proactive, nous parvenons à surveiller les équipes et à empêcher des règlements de comptes. Vingt-huit ont ainsi été déjoués depuis 2016. » Mais Éric Arella demeure lucide : « Notre efficacité est démontrée, mais nous ne pouvons à nous seuls régler un problème de société qui relève d'une politique globale »[1]. Le patron de la PJ a reçu un *satisfecit* du président de la République à la suite d'un été 2021 particulièrement meurtrier : « Je n'ai aucun doute que l'investissement est très fort », confie le chef de l'État, venu au chevet de la ville meurtrie pour assurer les policiers de son entier soutien.

1. Entretiens avec l'auteur, 12 octobre et 3 novembre 2021.

Car il est vrai que cet été-là a été marqué par une série noire de quinze règlements de comptes entre début juillet et fin août. Du jamais-vu sur une période aussi courte, avec des assassinats qui marquent plus que d'autres : tout d'abord, signe du sentiment de puissance qui habite les tueurs, l'exécution, le 25 juin, d'un footballeur à la sortie d'un match au stade Lamartine. Point de romantisme. Younès Laateur, 32 ans, est criblé de balles alors qu'il se trouve encore en tenue de sport. Laateur, s'il est un footballeur reconnu, est aussi l'un des membres du clan des Blacks et son nom a été évoqué, nous l'avons vu, dans le dossier de la tuerie de Sainte-Marthe. Ici, ce n'est plus d'une rivalité avec les Bengler qu'il s'agit, mais avec le clan dit « des Oliviers A », cité dont les Ahamada ont été évincés.

L'un des faits divers qui choquera le plus l'opinion sera la mort, le 8 juillet à Septèmes-les-Vallons, commune qui jouxte les quartiers nord, d'une adolescente de 17 ans. Kawtar, qui n'a rien à voir avec tout ça, reçoit une décharge de chevrotine en pleine tête alors qu'elle se trouve assise à l'arrière d'une Fiat 500, à côté d'un individu bien connu, lui, des services de police. Elle est au mauvais endroit, au mauvais moment, victime collatérale d'une guerre sauvage qui ne distingue pas ses cibles. Le 18 août, la tension monte d'un cran quand un scooter pénètre dans la cité des Marronniers. Un garçon de 14 ans, totalement inconnu des services de police, est abattu alors qu'il vient chercher un sandwich. Un autre jeune de 14 ans, quant à lui fiché, est sérieusement blessé. Pour clore l'été sanglant, deux jeunes gens, âgés de 25 et 26 ans, assis sur un muret à l'entrée de la Marine Bleue, sont criblés de balles le 23 août. Simultanément, un homme est enlevé par trois individus cagoulés dans le 4e arrondissement. Des témoins l'entendent supplier : « Je n'ai rien à voir, rien à voir. » Une heure plus tard, son cadavre calciné est retrouvé dans le coffre d'une voiture incendiée.

***

Face à cette longue litanie de violence et de sang, la police judiciaire commence à décrypter ce qui est en train de se passer. « Il y a plusieurs guerres, explique un enquêteur spécialisé, tout d'abord une opposition entre la cité Bassens dominée par le clan Laribi et celle de La Paternelle sous la houlette d'un homme qui prend du galon, Karim Harrat, dont on ne sait vraiment pourquoi on le surnomme Rantanplan. Puis il y a une opposition très violente entre les Comoriens des Lauriers [les Ahamada] et les Oliviers A, une cité dont ils ont été chassés par Kamel Meziani dit Souris[1]. » Souris figure parmi les objectifs prioritaires de la PJ et ne va pas tarder à tomber dans les mailles du filet. Repéré en train de planquer à proximité d'un véhicule relais garé devant la prison de Tarascon en vue de régler ses comptes avec des Comoriens, il est finalement coincé par la BRI de Paris aux portes de la capitale. Meziani et Harrat figuraient parmi les objectifs prioritaires de la PJ depuis la fin 2020. Et plusieurs lieutenants d'Harrat étaient aussi dans le collimateur, comme Ahcène Mabrouk, objet

1. Entretien avec l'auteur, Direction zonale de la police judiciaire Sud.

d'une fiche rouge Interpol, qui sera interpellé en Colombie. Preuve que, désormais, les gars des cités n'ont plus besoin de leurs tuteurs corses pour trouver de la came. Un autre affidé d'Harrat, Amine Oualan, est interpellé quant à lui à Marseille. On le soupçonne d'être impliqué dans trois règlements de comptes.

De toutes les destinations exotiques où se rendent régulièrement les Marseillais, c'est bien Dubaï qui soulève le plus de questionnements. Nichée au cœur des Émirats arabes unis, la minuscule ville est l'un des sept membres de la Fédération des Émirats arabes unis. Un haut lieu du blanchiment des capitaux de la drogue, après avoir été, dans les années 1970, une plaque tournante du trafic d'or et d'opium. Car ici, à l'ombre des immenses buildings futuristes, il n'existe aucune règle en matière de contrôle de flux financiers, notamment du cash qui circule abondamment dans les nombreuses agences bancaires. La qualité de vie dans l'émirat et son régime plus souple que dans d'autres zones du golfe en font une destination appréciée des mafieux qui peuvent y faire la fête à loisir. L'argent coule à flots, autant en profiter. Mais, depuis quelque temps, la donne change. Les Dubaïotes sont soucieux d'améliorer leur image à l'international en vue de permettre aux Émirats arabes unis d'obtenir la présidence d'Interpol – ce qui sera chose faite en décembre 2021 avec l'élection du général major Ahmed Naser Al-Raisi, une nomination qui ne manquera pas de soulever un vent d'indignation aux quatre coins de la planète. Pour en arriver là, les Dubaïotes ont lâché du lest en incitant leur police à la coopération internationale. Certains de nos caïds qui se croyaient à l'abri dans leur exil doré en ont fait les frais. Car, depuis quelque temps, l'Office anti-stupéfiants (Ofast) – qui a remplacé l'Office central pour la répression du trafic illicite des stupéfiants (Ocrtis), secoué par plusieurs affaires – a dressé une liste des vingt-cinq plus gros trafiquants français parmi lesquels, on ne saurait s'en étonner, plusieurs Marseillais figurent au sombre palmarès.

En février 2021 a lieu à n'en pas douter l'arrestation la plus significative. Les policiers marseillais découvrent des informations très intéressantes en analysant le contenu d'un BlackBerry saisi sur Farid K., relais d'un trafiquant marocain dénommé Gordito (Joufflu). Un gros poisson puisqu'il s'agit en réalité de Hakim Berrebouh, aussi appelé Marcassin, que l'on a déjà croisé dans l'affaire Tir-Remadnia aux côtés de son frère entre-temps décédé, Mehdi. Le téléphone fait entre autres état d'une photo sur laquelle l'on devine l'imposante silhouette de Marcassin dans un entrepôt bourré de marchandises. On trouve également des échanges où il est question de quantités de drogue et de prix de vente exorbitants, jusqu'à 20 millions d'euros. Plusieurs noms de villes sont évoqués : Lille, Dreux, parmi d'autres.

En cavale depuis sept ans, Marcassin a déjà échappé à deux tentatives d'assassinat à Marseille, dont l'une l'a conduit à l'hôpital Nord, grièvement touché à l'abdomen. Pour témoigner de sa mentalité et de son rapport à l'argent – à moins qu'il ne s'agisse d'une pulsion affective bien que ces gens-là ne fonctionnent guère sur l'affect –, un informateur nous a confié qu'Hakim Berrebouh s'est un jour déplacé pour récupérer sur le corps d'un trafiquant abattu en 2009 une montre de luxe de grande valeur donnée à celui-ci par son frère, Mehdi, lors d'un séjour en détention... Arrivé à la fin des années 2020 dans l'Émirat, Marcassin a séjourné successivement en Espagne et au Maroc où il possède un important patrimoine immobilier, puis il s'est installé avec femme et enfants à Dubaï. Interpellé sans offrir de résistance le 18 février 2021 à la sortie de son domicile, il tente sans succès de soudoyer les policiers locaux...

Pour les enquêteurs de la police judiciaire marseillaise et les magistrats de la Jirs[1] qui supervisent l'enquête, il n'y a guère de doute. Celui que l'on appelle aussi la Baleine continuerait à tirer les ficelles du trafic de came dans les quartiers nord et à orchestrer plusieurs règlements de comptes depuis sa résidence dubaïote. Il n'y a chez cet homme pas le moindre soupçon d'humanité. Comme un entrepreneur élimine un concurrent, ce genre de personnages tuent et font tuer pour le contrôle du marché de la drogue. Seuls les moyens utilisés changent.

***

La même analyse peut s'appliquer à Karim Harrat, interpellé le 14 novembre 2021, au Maroc, à Casablanca, lors d'un transit en provenance de Dubaï où lui aussi avait élu domicile. Ce jour-là, il se rend en Turquie, sans doute pour organiser de nouveaux trafics. Les enquêteurs estiment qu'Harrat, considéré comme très

1. Juridiction interrégionale spécialisée.

malin, voire manipulateur, malgré ce que son surnom, Rantanplan, pourrait laisser entendre, exerce son emprise sur quatre points clés du trafic marseillais : les cités de La Paternelle, Les Micocouliers, La Viste, Consolat. Les policiers établissent qu'un rapprochement se concrétise à l'automne 2020 avec Berrebouh pour renforcer la ligne Font-Vert/Flamants, où les Berrebouh règnent depuis l'élimination des Remadnia. Le deal s'est scellé à Dubaï, peut-être autour d'un thé à la menthe, à la terrasse d'un palace local. Harrat est soupçonné d'être impliqué dans plusieurs homicides, notamment aux Pennes-Mirabeau et sur l'autoroute A7 en 2020. Il serait également impliqué dans l'assassinat de Farid Tir, ce qui éclaire certains renversements d'alliance. « Les grands groupes français prennent de plus en plus de place dans la planimétrie du crime et c'est sans doute le plus inquiétant[1] », indique un spécialiste des affaires internationales à la DGPN[2]. À ce titre, il supervise les arrestations de mafieux français. Il dessine hors du territoire hexagonal une sorte d'internationale de la came, transfrontière, qui regroupe des trafiquants de plusieurs pays dans un inquiétant « super cartel ».

C'est ainsi que, ces dernières années, la zone du Benelux est devenue le berceau de l'une des plus puissantes organisations criminelles au monde, la Mocro Maffia. Originaire du Maroc (« Mocro Maffia » est la contraction de « Marocomaffia »), cette organisation a étendu son emprise sur deux points d'entrée majeurs

1. Entretien avec l'auteur, novembre 2021.
2. Direction générale de la police nationale.

du trafic de cocaïne en Europe, notamment depuis l'Amérique du Sud : les ports d'Anvers et de Rotterdam. Particulièrement violente, cette mafia archaïque est soupçonnée d'être impliquée au moins dans quatre-vingts règlements de comptes commis ces dernières années entre la Hollande et la Belgique. Originaires des montagnes du Rif, les trafiquants ont bâti un royaume en s'appuyant sur l'omerta et la violence, qui les conduisent non seulement à supprimer des concurrents avec une sauvagerie rarement égalée, mais aussi à éliminer tous ceux qui se mettent en travers de leur route, avocats comme journalistes.

Considéré comme le *capo di tutti capi*, sorte de Toto Riina[1] à la sauce marocaine, Ridouan Taghi, actuellement incarcéré en Hollande[2], est notamment soupçonné d'avoir commandité l'assassinat du journaliste Peter de Vries à Amsterdam, à l'été 2021. La victime était très – trop ? – proche d'un repenti de l'organisation, un ancien tueur de Taghi. La brutalité de la Mocro Maffia s'illustre par la découverte par les policiers hollandais d'une chambre de torture installée dans un container, où trônait un fauteuil de dentiste sur lequel sont passés à la question les ennemis du clan avec divers instruments, dont des perceuses…

1. Toto Riina du clan des Corléonais était surnommé la Bête fauve. Il a dirigé la Cosa Nostra dans les années 1980-1990. C'est lui qui a ordonné, avec l'appui de la commission de Palerme qu'il contrôlait, les assassinats des juges Falcone et Borsellino. Ivre de haine et de sang, il est à l'origine d'un millier d'assassinats dans la grande guerre de la mafia des années 1980.

2. Il est interpellé à Dubaï en décembre 2019.

Encore une fois, Dubaï semble être au cœur du fonctionnement de ce cartel, soupçonné d'avoir importé pas moins de 23 milliards d'euros de coke sur le territoire européen. C'est ainsi qu'est notamment interpellé à Dubaï Raffaele Imperiale, le camorriste qui fait la pluie et le beau temps dans le trafic de came à Naples, associé à la Mocro Maffia, tout comme le Chilien Richard Eduardo Vega et le clan irlandais Kinahan, qui contrôlent ensemble les flux du nord au sud de l'Europe[1]. Imperiale était à l'hôtel Burj Al Arab en 2017 pour les noces de Daniel Kinahan, sous le regard des policiers hollandais secondés par le FBI. On vit décidément fort bien à Dubaï, mais pour ce qui est de la discrétion…

L'arrestation de l'Italien est jugée capitale par les policiers français qui espèrent générer des révélations sur le fonctionnement de ce super cartel et nous éclairer sur ses connexions probables avec les Français. Des investigations poussées sont en cours. Quels sont en effet les liens des Berrebouh, d'Harrat et des autres avec ces criminels ? Il semble évident que l'émirat n'a pas livré tous ses secrets, notamment sur le back-office financier du trafic de drogue, écho feutré de la violence des oppositions dans les quartiers nord de Marseille. Chaque mois, ce sont 15 millions d'euros de recettes, selon des estimations récentes, qui s'évaporent à Dubaï et ailleurs[2].

1. À ce sujet, lire l'enquête de Thomas Saintourens et Simon Piel, « Aux Pays-Bas et en Belgique, la percée sanglante des mafieux », *Le Monde*, 22 décembre 2021.

2. Estimation de la Direction zonale de la police judiciaire Sud.

« Les organisateurs de ces réseaux sont de véritables chefs d'entreprise avec un système de management assez violent qui fonctionne sur la peur. Ils s'adaptent aux techniques modernes de vente, notamment en créant l'Uber Shit qui permet de commander et de se faire livrer à domicile, ce qui s'est avéré très utile durant la pandémie. Tout est budgété, il y a la partie risque du boulot, les saisies qui font partie des pertes et profits. Quant aux investissements en France, les trafiquants ont compris les failles du système et investissent dans des restaurants, des immeubles, des kebabs par le biais de membres de leur famille, mais jamais en leur nom. Mais la plus grande partie du produit du trafic part dans les circuits financiers internationaux[1] », explique un enquêteur au cœur des dossiers marseillais.

La traque de l'argent de la drogue

L'*hawallah* est un procédé ancestral qui permet de décaisser des fonds, à distance et par le biais d'intermédiaires, d'un point à un autre, sans transfert direct entre les complices. Si une somme est décaissée à Marseille, un correspondant à l'étranger la transfère sur un compte bancaire selon un système qui repose sur la confiance réciproque, d'où la difficulté de tracer les flux financiers.

L'un des dossiers les plus emblématiques de cette technique a été traité par les gendarmes en 2015, sous la direction du général David Galtier, alors commandant

1. Entretien avec l'auteur, novembre 2021.

de la zone sud, en liaison avec le juge de la Jirs de Marseille, Guillaume Cotelle. Tout est parti d'une saisie opérée le 10 juin 2015 par les douaniers à proximité d'Avignon. 298 000 euros en numéraire sont retrouvés dans des caches aménagées dans une Audi. S'ouvre alors une enquête internationale qui passe par Paris, la Belgique, les Pays-Bas et les Émirats arabes unis, précisément Dubaï, un point décidément central dans le blanchiment du trafic de drogue. Dans ses mémoires corédigés avec l'auteur, David Galtier décrit un système qui touche en réalité l'ensemble du territoire, y compris Marseille :

> Les investigations nous permettent de cibler un box situé dans un parking de Colombes, dans les Hauts-de-Seine. Les billets sont méthodiquement comptés dans ce lieu discret que les membres du réseau appellent *kouri*, ce qui signifie en langue berbère « abri » ou « étable ». D'où le nom donné à l'opération. Le réseau fonctionne selon le système du *hawallah*, « lettre de change » ou « mandat » en arabe. Ce procédé qui date du Moyen Âge est une sorte de banque clandestine régie par la confiance instituée entre des agents de change. Les *sarafs* procèdent à des compensations financières sans déplacement physique de numéraire. Les trafiquants de drogue se fournissent au Maroc, sans échange d'argent avec leur interlocuteur. Le cash qui correspond au prix de la livraison est déposé en euros en France. Au Maroc, le *saraf* règle le fournisseur en dirhams vingt-quatre heures plus tard. L'intermédiaire perçoit au passage une commission[1].

1. Général d'armée David Galtier et Jean-Michel Verne, *Mon combat contre le crime*, Paris, Robert Laffont, 2020, p. 186-193.

Plusieurs circuits sont décryptés dans cette enquête : l'un cible un épicier des Batignolles ; un autre passe par la Belgique et Anderlecht où les billets sont conditionnés sous vide puis partent en Hollande, destination Dubaï. Une troisième filière commence à Malaga en Espagne pour s'étendre par voie aérienne jusqu'au Maroc où est repéré l'un des cerveaux de l'organisation, un promoteur marocain qui convertit les fonds en investissements immobiliers dans le royaume et à Dubaï. L'homme est en fuite et, quand les policiers marocains ouvrent son coffre, celui-ci est… vide. La justice estime que le réseau a blanchi en deux ans 400 millions d'euros, ce qui représente environ 40 % du trafic annuel de cannabis en France.

Ce mode de blanchiment pernicieux est précisément celui qu'utilisent les trafiquants marseillais qui, s'ils ne sont pas directement ciblés dans le dossier Kouri, ont l'habitude d'utiliser ce système. Mohamed Bouchibi, dit Mouf, joue un rôle clé dans ce système. L'interpellation à Dubaï, en mars 2021, de ce caïd, considéré comme membre du top 10 des trafiquants français et *number one* du trafic de cannabis en France, sera largement relayée par les policiers dubaïotes, vidéos à l'appui. Plus discrètement, plus sournoisement, Mouf a joué un rôle essentiel de financier de l'ombre. Originaire de l'Essonne où il fait ses premières armes comme dealer, il commence à gravir les échelons après son association avec un gros trafiquant mulhousien. Puis il vole de ses propres ailes, multipliant les go-fast bourrés de tonnes de résine de cannabis chaque semaine sur le territoire français. Il rend par ailleurs de grands services aux cartels marseillais en les initiant à l'*hawallah* et en leur ouvrant les portes de ses connexions, notamment à Dubaï – preuve que la drogue est décidément une grande famille.

Alors comment lutter face à des organisations aussi redoutables et efficientes ? La création de l'Agence de gestion et de recouvrement des avoirs saisis et confisqués (Agrasc) en 2010 offre un élément de réponse[1]. Cet organisme chargé de confisquer les avoirs criminels procède à des saisies mobilières ou immobilières sur tout le territoire français, mais également sur des comptes à l'étranger grâce à la coopération internationale. L'originalité de cette structure, créée notamment à l'initiative du juge Charles Duchaine, ancien de la Jirs de Marseille, est de pouvoir agir avant jugement en saisissant par exemple des véhicules de délinquants qui seront réaffectés aux services de police et de gendarmerie. Un colloque s'est tenu à Paris en novembre 2021, à l'occasion des dix ans de l'Agrasc, accompagné d'une vente aux enchères de produits de luxe saisis : montres, vins fins, voitures... Dont une superbe Lamborghini jaune trônant, image insolite, au cœur de Bercy. Le produit de ces ventes est directement affecté aux comptes publics. De même, des immeubles sont vendus de manière à rendre au citoyen ce que le crime a mal acquis. Le colloque a également révélé l'intérêt de réattribuer les biens confisqués à des associations vertueuses, ce qui se fait en Italie, pionnière en la matière.

1. Depuis sa création, l'Agrasc a reversé au Trésor public plus de 698 millions d'euros du produit des confiscations pénales (source : rapport d'activité de l'Agrasc 2020).

Grand spécialiste des organisations criminelles, Nicolas Bessone a été nommé à la tête de la structure en 2019. La création récente d'une antenne de l'Agrasc à Marseille semblait une nécessité pour ce natif de Phocée qui rêve de voir des immeubles de trafiquants saisis et réattribués à des structures locales. Mais, nous l'avons vu, la route est longue et, même si les textes sont désormais adoptés par le Parlement, les obstacles juridiques demeurent nombreux, notamment celui de confisquer des biens acquis par des proches des voyous non directement concernés par les poursuites. En Italie, l'obstacle a été franchi il y a longtemps avec l'adoption d'un texte qui permet des saisies, y compris sur des proches, *via* un article du Code pénal dit 416 bis qui sanctionne les « associations de type mafieux[1] ». Le simple soupçon d'appartenance à une organisation mafieuse permet d'élargir le champ de la confiscation. En France, pays de la liberté et des droits de l'homme, le concept se heurte de front à notre conception du droit.

Combien faudra-t-il de morts dans les cités pour que le Code pénal fasse enfin sa mutation ? Sans compter l'emprise de plus en plus prégnante des mafias étrangères sur notre sol, multipliant les investissements, notamment dans l'immobilier, en bénéficiant des largesses de notre système juridique. La question demeure aujourd'hui celle de la coopération internationale et de la possibilité pour l'Agrasc de saisir les fameux

1. Clotilde Champeyrache, « L'économie mafieuse : entre principe de territorialité et extraterritorialité », *Hérodote*, 151/4, 2013.

avoirs criminels détenus à Dubaï par les trafiquants des quartiers nord. Nicolas Bessone n'en est ici qu'au début d'une histoire qui permettrait de frapper ces criminels de la drogue au portefeuille. Comme en fit les frais jadis un certain Al Capone. Mais, décidément, on n'en finit jamais avec les quartiers nord, royaume maudit d'une population à majorité musulmane placée sous une autre menace. Après celle des mafias des cités, celle de l'islamisation progresse, elle aussi, sur les territoires de pauvreté.

L'islamisme en question

Il est 13 h 45 ce dimanche 1er octobre 2017. Un homme se lève du banc où il est assis depuis de longues minutes sur le parvis de la gare Saint-Charles. Il tient un couteau de cuisine. Il se jette sur une première jeune femme qu'il égorge, puis sur une seconde qu'il éventre de plusieurs coups de couteau portés avec acharnement en criant «*Allah Akbar*». L'agresseur est abattu moins d'une minute plus tard par un caporal de l'opération Sentinelle vers lequel se dirigeait le terroriste. Maurane, étudiante en troisième année de médecine à Marseille, et sa cousine Lauranne, en deuxième année d'infirmière à Lyon, étaient âgées de 20 et 21 ans. Elles sont les premières victimes du *djihad* – la guerre sainte – à Marseille. Les djihadistes sont des partisans de la branche la plus radicale du salafisme, des apôtres du théologien Ibn Taymiyya, qui a théorisé le concept de djihad au XIIIe siècle[1]. On disait la ville préservée des tourments de l'islamisme radical en égrenant jusque-là des banalités emplies de bonne conscience : le melting-pot marseillais, un respect entre communautés issu d'accords de bon voisinage, etc. Il existerait donc une exception marseillaise. Le démenti est ici cinglant, sanglant, glaçant. Les fous de Dieu frappent où et quand ils le veulent. Et, ce jour-là, Marseille a peur.

On pourrait objecter que l'assassin, un Tunisien en situation irrégulière, n'est pas issu de Marseille. Ahmed Hanachi était clairement en mission dans la cité phocéenne. On le décrit comme un escroc, toxicomane, embrigadé dans le djihadisme par son frère Anis, arrêté six jours plus tard en Italie. Anis a combattu de 2014 à 2016 en Irak dans les rangs de l'État islamique. Arrivé à Marseille en juillet 2017, après avoir navigué entre la France et l'Italie, le terroriste prend contact avec la communauté tunisienne de la ville par le biais d'un restaurateur, qui lui-même a pignon sur rue. Ce dernier sert de relais avec une association qui trouve un logement à Hanachi dans le quartier de Saint-Mauront, situé au cœur du 3e arrondissement, classé parmi les plus pauvres d'Europe. Il n'est cependant pas établi que ces aidants aient été informés de son projet criminel.

1. Les djihadistes ne visent pas une prise de pouvoir dans les États occidentaux, contrairement aux ambitions du salafisme politique qui opte pour une prise de territoire en cherchant à appliquer la *charia*. Ces combattants veulent avant tout déstabiliser les relations entre Occident et pays arabes où ils souhaitent prendre le pouvoir, d'où l'État islamique (Samir Amghar, « Le salafisme en France. Actions et enjeux », *Sens dessous*, 9/2, 2011).

Un événement étonnant, survenu la veille des faits, continue d'interroger plus de quatre ans après l'attaque. Le tueur est interpellé pour le vol d'un blouson dans un commerce. Cependant, en raison d'un obscur problème de procédure, la reconduite à la frontière et la mise en rétention administrative du suspect ne sont pas opérées. Hanachi est relâché[1]. Cette chronique pose d'emblée la question des ancrages du djihadisme à Marseille. Il convient de remonter le temps, et de revenir à ce fameux groupe islamique armé responsable des terribles attentats de 1995[2]. Dès cette époque, Bernard Squarcini, alors en poste à la DCRG[3], s'intéresse de près à ces questions. Il prendra par la suite des fonctions de préfet de police à Marseille entre 2004 et 2007, avant de diriger, jusqu'en 2012, la DCRI[4] créée sous son impulsion. « Nous sommes en 1994 et les services algériens nous contactent pour leur donner un coup de main, se souvient ce haut responsable policier. C'est le prélude aux attentats de 1995 et à la montée en puissance du GIA. Nous constatons alors qu'il n'y a pas d'indices de l'existence de réseaux dormants à Marseille comme on

1. Cette tragédie entraînera le limogeage du préfet du Rhône qui avait précédemment eu à traiter le cas Hanachi. Un rapport révèle de graves dysfonctionnements dans le suivi de ce dossier.

2. L'action la plus meurtrière a sans nul doute été l'attentat de la station Saint-Michel, qui a fait huit morts et cent dix-sept blessés. D'autres attentats ont touché Paris, Lyon et Lille, mais pas Marseille. L'acte fondateur de cette campagne du GIA en France a été le détournement de l'Airbus Alger-Paris en décembre 1994, considéré comme le modèle avorté des attentats du 11 septembre 2001. Les preneurs d'otages seront neutralisés par les hommes du Raid à l'occasion d'une escale à l'aéroport de Marseille-Marignane.

3. Direction centrale des renseignements généraux.

4. Direction centrale du renseignement intérieur.

pouvait le craindre. En revanche, la ville est un relais important dans la filière d'acheminement d'aide logistique à destination des maquis algériens. La filière qui achemine armes, médicaments ou vêtements part de la Belgique vers Alger *via* le port de Marseille. Conjointement, des filières de fabrication de faux papiers viennent d'Italie. Tout cela circule grâce à l'aide de marins, de commandants de bord ou de stewards dévoués à la cause islamiste[1]. »

Ce grand spécialiste du terrorisme considère d'abord Marseille comme un point géostratégique, notamment par le fait qu'elle absorbe un taux d'immigration clandestine important en provenance du Maghreb. Il estime en préambule que l'on ne peut établir de liens structurels entre réseaux islamistes et trafic de drogue en amalgamant banditisme et islamisme. Le vice des trafiquants de came s'accommode peu de la « vertu » des islamistes. Ils peuvent difficilement faire bon ménage. En revanche, le recyclage de produits de vols, comme dans le secteur du marché aux puces, semble plus sensible aux pressions des salafistes. « Ce marché peut générer des sources de profits pour les réseaux islamistes radicaux sous forme de racket », explique notre témoin. Un éclairage possible de la faculté qu'a l'islamisme radical de se dissoudre dans le tissu communautaire de Marseille.

L'un des points d'ancrage est justement ce marché grouillant d'humanité souffrante qui donne à la ville des airs de Djakarta, le tout baignant dans une crasse

1. Entretien avec l'auteur, décembre 2021.

épouvantable. Le salafisme prospère sur les ordures, comme une très sale maladie. Selon Bernard Squarcini, les djihadistes ne seraient pas parvenus à s'ancrer véritablement ici, comme cela a pu être le cas en région parisienne, à Roubaix, Toulouse, etc. L'ancien grand patron du renseignement intérieur loue au passage l'action des collectivités locales en direction des quartiers et relève l'attention particulière que porte Jean-Claude Gaudin à ces questions confessionnelles, en s'appuyant sur un dense tissu associatif. « Une autre spécificité est la géographie de la ville qui permet de mieux contrôler certaines zones et d'éviter une partition du territoire, comme on le constate malheureusement ailleurs. Les quartiers nord sont collés au cœur de la ville, il n'existe pas de banlieue. On assiste par ailleurs à une sorte de mélange qui crée une unité sociologique autour de l'appartenance à Marseille. On a tous l'accent, on se retrouve à l'OM, etc. On est fier d'être marseillais. »

Mais cette vision d'un potentiel « peuple de Marseille » se heurte de front à une réalité : la fracture socio-économique entre le nord et le sud de la ville, où deux mondes coexistent sans se regarder ni se côtoyer, sinon dans les travées du stade Vélodrome. Notons que l'analyse de Bernard Squarcini s'arrête à 2012, date à laquelle il quitte la DCRI et cesse de se consacrer à un travail opérationnel approfondi sur la menace terroriste sur place. Est-ce à dire que depuis cette date l'islam radical n'a pas trouvé droit de cité à Marseille ? L'affirmer relèverait d'une forme de déni. Si le djihadisme demeure ici assez impalpable, il n'en est pas de même du salafisme dit « politique » et de son corollaire, le salafisme « de prédication », particulièrement présent dans les rues de Marseille ces dernières années.

Preuve en est, en 2018, un rapport des renseignements généraux tire la sonnette d'alarme en révélant une inquiétante évolution au sein de la population musulmane : « 25 % des fidèles se rendant régulièrement à la prière du vendredi fréquentent un lieu de culte salafiste, contre 5,5 % au niveau national », note le document qui dénombre « vingt-quatre mosquées salafistes dans le département, dont quinze à Marseille »[1]. À l'époque, l'imam El Hadi Doudi est particulièrement dans le collimateur de la préfecture de police pour ses prêches radicaux. Dans son antre de la mosquée As-Sounna du boulevard National, l'intégriste appelle les fidèles à la « défaite et à la destruction des mécréants ». Les Juifs sont particulièrement ciblés comme des impurs, « frères des singes et des porcs ». La tension avec la communauté israélite est forte, les agressions de Juifs se multiplient dans la ville[2], à tel point que la peur règne dans la rue Saint-Suffren, siège d'une importante implantation de la communauté à proximité de l'école confessionnelle Gan Ami. L'auteur se souvient de ce climat de psychose constaté à l'occasion de reportages sur place pour *La Tribune de Genève*[3].

1. Luc Leroux, « À Marseille, l'omniprésence d'un islam salafiste », *Le Monde*, 1er février 2018.

2. Le 11 janvier 2016, un ressortissant turc d'origine kurde attaque un enseignant juif avec une machette. Il dit agir pour le compte de l'État islamique et semble s'être radicalisé sur Internet. (« Agression d'un enseignant juif à Marseille », France info, 11 janvier 2016.)

3. Jean-Michel Verne, « Les juifs de Marseille vivent en état de siège », *Tribune de Genève*, 14 janvier 2016.

Des témoins évoquent de « jeunes Arabes » descendus en scooter des quartiers nord pour provoquer de jeunes Juifs sur les dents. Les attentats de Toulouse, de Charlie et du Bataclan sont passés par là. La peur est palpable, le prétendu modèle marseillais se fissure.

***

À la fin 2017, le préfet de police de Mazières décide de frapper un grand coup en fermant la mosquée salafiste du boulevard National, puis en expulsant en Algérie, quelques mois plus tard, l'imam El Hadi Doudi, qui n'hésite pas à se présenter comme un disciple de Ben Laden, et de l'imam algérien Bel Hadj, père spirituel du GIA[1]...

Mais toutes ces actions, certes spectaculaires, ne peuvent suffire à venir à bout de l'islamisme radical à Marseille. Depuis les années 1990 se sont installés en toute légalité d'autres radicaux, ceux par exemple du Tabligh et des Frères musulmans, que nous qualifierons de « para-salafistes ». Le Tabligh, notamment, vise à « réislamiser » les masses immigrées par un prosélytisme forcené au travers de l'association Foi et pratique. Il possède cinquante lieux de culte officiels en France, dont la célèbre mosquée de la Porte-d'Aix à Marseille[2].

1. Thomas Liabot, « Qui est l'imam marseillais expulsé vers l'Algérie ? », *JDD*, 20 avril 2018.

2. Officiellement, le Tabligh n'est pas un mouvement politique, mais une structure transnationale de prédication de masse. Des interrogations apparaissent cependant autour d'un phénomène de vases communicants avec le djihad, comme le souligne Eugénie Bastié (« Islam radical : qu'est-ce que le mouvement tabligh ? », *Le Figaro*, 27 janvier 2015). Elle relate

Nous les qualifierons de « radicaux fréquentables », puisqu'ils ont par ailleurs leur rond de serviette au Conseil français du culte musulman[1] (CFCM). Certains mauvais esprits diront que le ver est dans le fruit. Mais, et c'est peut-être une chance, le clan fondamentaliste, même si tous se réclament de la *charia*, demeure divisé concernant la stratégie à adopter. Les uns souhaitent investir le terrain politique, les autres entendent rester sur de purs fondamentaux religieux, enfin, quelques-uns, les plus dangereux, optent pour le djihad et la stratégie de rupture.

En 2017, décidément *annus horribilis*, un livre choc paraît, écrit par un ancien principal de trois collèges marseillais sensibles : Édouard-Manet, Versailles et Jean-Claude-Izzo[2]. L'auteur, Bernard Ravet, sème le trouble en pointant du doigt l'influence néfaste des prosélytes du Tabligh (décidément...) sur l'appareil éducatif public. L'ancien responsable dénonce l'islamisme rampant qui s'infiltre dans les établissements de la cité phocéenne. Le témoignage très parlant d'une professeure est retranscrit. Celle-ci alerte le directeur sur le fait que l'un de ses élèves tient des propos discriminants

---

les cas de deux jeunes Français, Raphaël et Ahmed, morts en Syrie et qui ont suivi des groupes de parole organisés à Lunel par les frères du Tabligh. En octobre 2014, l'auteur a consacré une longue enquête sur cette filière de Lunel dans les colonnes de *Paris Match* en se penchant sur le cas de plusieurs jeunes morts en Syrie, dont Raphaël et Ahmed (« Raphaël, Houssem, Sabri, Ahmed, mourir à 20 ans », 29 octobre 2014).

1. Dissous depuis février 2022 et remplacé par le Forum de l'islam de France (Forif). (Marcelo Wesfreid, « Dissolution du CFCM : Macron chamboule l'organisation de l'islam de France », *Le Parisien*, 1er février 2022.

2. Bernard Ravet, *Principal de collège ou imam de la République ?*, Paris, Kero, 2017.

sur les femmes lors d'un cours consacré aux droits de l'homme. Le garçon affirme, en pleine classe, que l'homme et la femme ne sont pas égaux, « qu'il est normal de lapider une femme adultère, tout comme de couper la main à un voleur ». Le sang de l'enseignante n'a fait qu'un tour.

Une rapide enquête permet de remonter à un surveillant fort bien noté et à la barbe bien taillée. Il s'avère que ce dernier a remis à l'élève concerné un petit livret *made in* Arabie saoudite qui détaille les crimes de « mécréants ». Ce membre du personnel fréquente assidûment une mosquée Tabligh[1], elle-même affiliée à une association dénommée El Nour dont le but est de « toucher les familles » *via* des aides aux devoirs des élèves. Plus troublant encore, le principal apprend que ce surveillant si *clean* est lui-même surveillé par la police depuis six mois. L'homme est ce que nous appelons aujourd'hui un « fiché S ». Bernard Ravet témoigne, et c'est sans doute le plus inquiétant, qu'il n'a rien pu faire contre cet employé modèle sous contrat avec l'Éducation nationale. Aucune réaction, à notre connaissance, du côté de la police ni du rectorat qui continue d'abriter en son sein un adepte d'un prosélytisme fondamentaliste tout aussi sournois qu'efficace…

Ce prosélytisme persiste à se distiller, au-delà des collèges et des écoles, dans les zones les plus sensibles des quartiers nord. Certains irréductibles décident

1. En 2018, la mosquée de la Porte-d'Aix, Al Taqwa, totalement rénovée, est inaugurée en présence de nombreux élus. Établi sur 1 000 m², le lieu est décrit comme une vitrine de l'islam à Marseille. Jean-Claude Gaudin est représenté par Catherine Pila, déléguée aux affaires culturelles.

de défier l'État en se maintenant en place, à l'image de ceux de la mosquée Consolat, située à proximité de la cité du même nom. Le lieu de culte résiste depuis maintenant cinq années à un arrêté de fermeture, comme le déplore une note des renseignements territoriaux (ex-RG) de 2021. Officiellement, il s'agit là d'un contentieux autour de problèmes de sécurité d'un site particulièrement délabré. Mais la personnalité de l'imam de 45 ans qui prêche sur place soulève des interrogations sur sa filiation spirituelle avec El Hadi Doudi qui pourrait avoir essaimé quelques héritiers[1].

***

Une autre inquiétude concerne l'infiltration de l'idéologie salafiste dans les clubs de sport, comme le souligne une note du Service de renseignement territorial (SRT) datée du 27 juillet 2015. Les enquêteurs se sont lancés cette année-là dans un tour de France. Les policiers dressent un même constat sur tout le territoire : « Ainsi, des recrutements exclusivement menés au sein d'une communauté particulière [les sportifs], le prosélytisme au profit de la religion musulmane, des actions de solidarité en faveur de la Palestine, l'opiniâtre refus de la mixité, la soudaine apparition de tenues traditionnelles et des prières sur le terrain ou dans les vestiaires ont récemment fait leur apparition au sein de ces espaces dédiés au sport. » Concernant la cité

1. Guylaine Idoux, « À Marseille, la mosquée salafiste qui ne veut pas fermer », *JDD*, 6 juin 2021.

phocéenne, le document dresse une description pour le moins alarmante :

> Ainsi, à Marseille, un certain nombre de salafistes se sont mis depuis quelques mois à pratiquer une activité sportive pouvant s'apparenter à un véritable entraînement physique. Elle se décline en footings pratiqués en groupes plus ou moins importants et en sports de combat. Des salafistes courent en ville en petit nombre, parfois même en kamis. Certains barbus ont été vus pratiquant le footing en sous-bois, évoluant en groupe constitué et mené par l'un d'entre eux à l'instar d'un peloton à l'entraînement.
>
> Par ailleurs, l'accroissement significatif du nombre de radicaux fréquentant les salles de sport et particulièrement les clubs de sport de combat est encore plus évocateur. Ils n'hésitent parfois pas à entrecouper les séances par des prières et à se doucher tout habillés, ce qui accentue encore leur « différence ». La pression est telle pour les autres membres que la plupart, voire la totalité, finissent par quitter simplement l'établissement, laissant les salafistes maîtres des lieux. Ce serait le cas de la salle de sport de combat de la cité de La Busserine à Marseille ou de celle de L'Ancre Marine à La Ciotat. Dans la première, les responsables se sont progressivement rapprochés depuis deux ans de la doctrine salafiste. Les cours sont en effet interrompus pour effectuer les différentes prières rituelles, dont les principes seraient au demeurant enseignés après les cours. Les enfants ne s'adonnant pas à la prière seraient volontairement marginalisés. Par ailleurs, la non-mixité aurait été instaurée pour les activités accueillant indistinctement autrefois hommes et femmes. La sociologie de la salle s'en trouve profondément modifiée.

Quatre salafistes aux propos radicaux fréquentant régulièrement le club et des mères vêtues de *niqab* y amènent leurs enfants. Cette évolution du club est en cohérence avec celle de tout le secteur touché par la montée du salafisme, au point que le quartier est l'un des rares endroits de la ville où a été signalée la présence épisodique de fillettes en *niqab*[1].

Aujourd'hui, pourtant, point de *burqas*, de *niqabs* et de barbus sur le site de l'association, qui présente filles et garçons tout sourire tapant sur des punching-balls. Le site affiche fièrement sur sa page d'accueil le label de la Métropole, de la préfecture et de la ville de Marseille. Il semblerait donc que depuis 2015 un effort de normalisation salvatrice ait été engagé dans cette cité très chaude des quartiers nord, par ailleurs point fort du trafic de drogue. Il n'en demeure pas moins que cette note dessine des passerelles préoccupantes entre le salafisme politique et le djihadisme à Marseille. Ces faits démontrent en outre qu'entre 2015 et 2017 la ville a été soumise à une forte pression salafiste et même djihadiste : en 2017, outre le drame de la gare Saint-Charles, deux « cavaliers sous la bannière du Prophète », selon l'expression d'un théologien, ont été interpellés alors qu'ils s'apprêtaient à commettre un attentat lors d'un meeting du Front national[2].

1. SRT rattaché à la police et la gendarmerie, note D3, 27 juillet 2015.
2. Le 18 avril 2017, Clément Baur et Mahiedine Merabet sont interpellés par la DGSI. Nous sommes à cinq jours du premier tour de la présidentielle. 3,5 kg de TATP, un explosif très prisé par les djihadistes, sont retrouvés dans leur appartement. 250 g ont été introduits dans une salière reliée à une mèche.

Chercheur en sciences sociales et expert en prévention de la radicalisation en milieu sportif, Médéric Chapiteaux demeure prudent quant au cas de l'association de La Busserine que nous venons d'évoquer : « La situation est davantage maîtrisée qu'en 2015, mais la menace persiste. On observe une nouvelle tendance inquiétante, celle du *hijma*, la médecine prophétique qui fait beaucoup d'adeptes chez les sportifs musulmans. Il s'agit là d'une technique de radicalisation détournée. Concernant plus largement Marseille, on ne peut penser raisonnablement que la ville bénéficie d'une sorte de dôme de protection de par sa spécificité locale. Il y a quelques années, quand on interrogeait les services de l'État, on avait le sentiment qu'il n'y avait pas de problèmes à Marseille, comme s'il existait une volonté de ne pas pénétrer au cœur des quartiers nord pour préserver une forme de paix sociale[1]. » Depuis 2019, la tendance de l'État est clairement à l'intrusion avec la mise en place des Clir[2] qui ont pour mission, entre autres, de contrôler les écoles privées musulmanes hors contrat, de vrais foyers fondamentalistes. Trois établissements situés dans les 3e, 14e et 15e arrondissements sont particulièrement surveillés. L'un d'eux, qui compte 143 élèves, a fait l'objet de deux contrôles successifs en 2021. Ils ont révélé l'incroyable embrigadement de jeunes filles voilées âgées d'à peine 9 ans, séparées des

1. Entretien avec l'auteur, 17 janvier 2022.

2. Cellule départementale de lutte contre l'islamisation et le repli communautaire placée sous l'autorité du préfet. Elle regroupe des représentants de plusieurs services de l'État : Éducation nationale, police, gendarmerie, fisc, Urssaf…

garçons et soumises à des programmes spécifiques. On découvre que l'enseignement de la langue arabe semble se limiter à celui des sourates du Coran. Plus grave, l'école concernée abrite dans ces mêmes locaux une deuxième école, quant à elle totalement clandestine, sous couvert d'une association, signe qu'une islamisation rampante a droit de cité dans les quartiers nord[1].

Dans ce contexte, la question est désormais posée ; le supposé « modèle marseillais » ne serait-il pas un leurre ? Désormais membre d'honneur de Marseille espérance, une structure œcuménique destinée à rapprocher communautés et religions créée sous l'impulsion de Robert Vigouroux, Jean-Claude Gaudin devra, à n'en pas douter, méditer sur les fractures de la ville, terreau fertile de l'islamisme radical qui, quoi qu'on en dise, s'imprime dans les esprits de jeunes en mal de repères dans ces quartiers décidément maudits. Certes, les salafistes ont (jusqu'à quand ?) échoué dans leur tentative de partition du territoire phocéen, notamment à travers l'abandon de l'édification d'une grande mosquée de plusieurs milliers de mètres carrés avec école coranique sur le site des anciens abattoirs de Saint-Louis. Derrière ce projet avorté se profilait, en effet, comme partout ailleurs, l'ombre de l'Arabie saoudite. L'opération, qui a traîné durant des années, a fait figure de véritable serpent de mer. Le projet financièrement

1. Le cas de cette école a été longuement évoqué dans une enquête menée par une équipe de l'émission *Zone interdite* diffusée le 23 janvier 2022 sur M6.

mal ficelé s'est heurté à la détermination d'une partie de la communauté musulmane n'entendant pas se placer sous les fourches caudines des lobbies salafistes, qui accentuent leur pression sur la ville, preuve que les musulmans de Marseille demeurent avant tout fort divisés.

4

Port de l'angoisse

On les connaît, les Fraissinet, les Daher, les Maurel, les Reinier et les autres qui se sont tous enrichis autour du port, alors formidable porte de l'Orient. Puis ils ont pour la plupart investi ailleurs, dans une multitude d'activités, pour assurer leur prospérité tout en gardant la ville dans leur main, faisant et défaisant les édiles. Mais de ce grand port jadis prospère, que reste-t-il aujourd'hui ? Alors qu'Anvers, Barcelone, Gênes ou Rotterdam attirent la plus grande partie du trafic container en Europe, le port de Marseille est, lui, resté à quai[1]. Seul Fos-sur-Mer prospère avec ses raffineries et son trafic pétrolier, le troisième au monde[2] si l'on en croit les chiffres. Mais, encore une fois, quelles sont les retombées pour Marseille ? Aucune, puisque le bassin, jadis si grouillant de travailleurs et de navires allant et

1. Fin 2021, le trafic container annuel à Marseille et Fos-sur-Mer est évalué à 1,5 million d'équivalent 20 pieds (EVP). Par comparaison il est de 12 millions à Rotterdam, 9 à Anvers. Il est de 1,5 million à Gênes sur les six premiers mois de 2021, Barcelone affiche 1,8 million sur la même période, soit plus du double du trafic phocéen selon le site spécialisé Ports et corridors.com.

2. Michel Vergé-Franceschi, *Marseille. Histoire et dictionnaire*, Paris, Robert Laffont, 2013.

venant vers l'Orient, est aujourd'hui sclérosé, dans un impressionnant silence tout juste troublé par l'arrivée des croisiéristes, une manne qui, là aussi, n'a que peu de répercussions bénéfiques pour la ville.

***

Stéphan Brousse connaît bien son port, un royaume qu'il explore depuis des décennies par le biais de sa société spécialisée dans le négoce agroalimentaire et la fourniture de produits à destination des professionnels. Brousse Vergez est une entreprise familiale que Stéphan a su développer en s'ouvrant sur le Maghreb et Israël. Il pose un regard très critique tant sur le patronat local que sur les politiques, selon lui totalement incapables de penser la ville. Ancien président de l'Union patronale, il a aussi dirigé le Medef régional et siégé au Bureau national du syndicat patronal. Pour lui, Marseille est une ville pauvre dirigée par des riches qui n'ont pas toujours fait ce qu'ils devaient faire pour la communauté. Le sociologue Philippe Langevin dresse d'ailleurs en juillet 2019 un vrai réquisitoire contre ces disparités en évoquant « l'une des villes les plus inégalitaires de France[1] ». Il relève que l'écart du revenu médian entre les quartiers est impressionnant : de 1 à 50, voire 60. Il déplore que tout soit fait pour les riches et la population qualifiée et intégrée, quand en revanche « les pauvres ne comptent pas ». Stéphan Brousse insiste, lui, sur le

1. Guillaume Allier, « À Marseille, "les pauvres ne comptent pas" », *Challenges*, 13 juillet 2019.

manque de dynamisme économique de la ville : « Nous sommes très en retard et je le prouve d'un exemple : il existe une ligne TGV marchandises directe entre Gênes et Rotterdam alors que nous en sommes à nous poser la question de savoir s'il faut créer une liaison nord-sud... Les navires n'ont pas vraiment d'intérêt à venir à Marseille, même si le port est devenu plus fiable avec la réforme du statut des dockers[1]. Le problème est la lourdeur de la machine administrative, notamment le fonctionnement des douanes. Si je reçois un container venant d'Israël sur le port de Rotterdam, je mets une heure à le dédouaner. À Marseille, trois jours sont nécessaires. Et je ne parle même pas des marchandises bios, cela peut prendre jusqu'à quinze jours. Dans les autres ports européens, on pense au client, mais pas à Marseille[2]. »

En évoquant la question des dockers, Stéphan Brousse nous ramène dix ans en arrière : la CGT portuaire bloque durant des semaines tout le trafic pour tenter de faire obstacle à la réforme Bussereau dans un climat de guerre totale. Les syndicalistes agissent d'ailleurs en opposition avec les directives au plan national. Des accords sont passés sans problème dans d'autres sites comme Le Havre. Mais pas à Marseille, où la section CGT du port est un syndicat dans le syndicat, qui a le souci de se démarquer constamment de l'union départementale. Bilan : des milliers de containers sont bloqués et des dizaines de PME, au bord de la faillite.

1. En 2008, une réforme initiée par Dominique Bussereau prévoit le transfert au privé des 2000 grutiers des établissements portuaires français.

2. Entretien avec l'auteur, 5 janvier 2022.

Certaines ne survivront pas au blocus, comme cet entrepreneur spécialisé dans l'installation de rideaux métalliques qui fond en larmes lors de notre rencontre. Il n'a pas reçu le matériel pour un important programme immobilier. Il a donc dû mettre la clé sous la porte. Pour Stéphan Brousse, c'est cela, la CGT à Marseille, une mobilisation constante pour les intérêts de quelques-uns au détriment de l'entreprise et de l'emploi[1].

L'histoire de la CGT et du port représente bien plus qu'un bras de fer entre un syndicat et des patrons. En 1947, des grèves insurrectionnelles éclatent avec l'appui du parti communiste, alors très puissant en France. Elles partent de Marseille et gagnent tout le territoire national, notamment les mines du Nord qui cessent le travail. Les insurgés revendiquent, entre autres, une revalorisation des salaires. La IVe République naissante vacille. Les manifestants menacent de prendre le pouvoir. Mais la Central Intelligence Agency (CIA) voit d'un très mauvais œil la montée en puissance des communistes à Marseille. Par l'intermédiaire d'Irwin Brown, président de la Fédération américaine du travail (AFL), la puissante centrale syndicale américaine, l'agence apporte aide et assistance aux hommes de main proches du clan Guérini. Ces derniers sont en position de force pour avoir senti le vent tourner et rejoignent les rangs de la résistance face aux contestataires, au contraire des Spirito et Carbone[2]. Aidé de personnages

1. Jean-Michel Verne, « Ils coulent le port de Marseille », *Valeurs actuelles*, 7 août 2008.

2. Voir chapitre 2.

comme Marcel Francisci[1], Brown fournit argent, logistique et armes aux contre-grévistes qui parviennent à casser le mouvement au terme d'affrontements acharnés. Vincent Voulant, un jeune militant de 19 ans, est tué par balle en novembre 1947 dans le quartier de l'Opéra. Les coups de feu sont partis du Colibri, un cabaret appartenant aux Guérini.

Grâce à leurs moyens financiers, les Américains et leurs relais dans le milieu marseillais parviennent à déstabiliser la CGT, alors seul maître du port. Ils favorisent la création d'un syndicat FO des dockers. À la même époque apparaît la Socoma, une coopérative de manutention qui devient le cheval de Troie des socialistes dans le port de Marseille. Et la manœuvre fonctionne, la grève s'essouffle. La CGT perd le monopole de l'embauche sur le port, mais pas son influence qui se ragaillardit dans les décennies suivantes. Elle reprend peu à peu la main, au point de devenir omnipotente. Il serait difficile en effet d'accéder à un emploi sans adhérer au syndicat, comme il est quasi impossible de travailler à la mairie sans sa carte FO[2]... Sur les quais, il n'est plus question désormais d'insurrection, de drapeaux rouges qui flottent sur la marmite ni de prise de pouvoir. Simplement, au fil des années, de petits arrangements se tissent avec le patronat local, ce qui aboutit à des aberrations économiques comme des grutiers payés

1. *Idem*.

2. Paul Molga, « Comment FO a fait main basse sur Marseille », *Les Échos*, 12 février 2014.

70000 euros par an pour... 18 heures de travail par semaine[1].

***

Durant des décennies, les mouvements successifs menés par la CGT qui s'opposent à la réforme de leur statut mettent à mal l'économie du port. L'ambiance est tendue. Renaud Muselier, venu au secours des entreprises en septembre 1994, est roué de coups par des dockers qui s'acharnent sur lui avec une violence bestiale. Il s'en tire avec la mâchoire démise et une entorse cervicale. Quinze ans plus tard, leur tête de Turc s'appelle Stéphan Brousse. Les dockers défilent sur La Canebière derrière le symbolique cercueil du patron de l'UPE13 qui garde un souvenir amer de cette période et de ce bras de fer avec le syndicat. Le patronat a fini par gagner, mais à quel prix ?

Son successeur, Jean-Luc Chauvin, n'est guère mieux loti. Il lance une campagne de communication, « Ne touche pas à mon port », en détournant le célèbre slogan de SOS Racisme, ce qui n'est pas du tout du goût des cégétistes et de la gauche. Les dockers font le siège de l'Union patronale. Marseille donne de nouveau d'elle-même une image désastreuse qui pousse nombre d'entreprises récemment installées à fuir sous d'autres cieux. Celles qui sont parties ne sont jamais revenues. L'air est autrement plus léger à Gênes, Algerisas ou

1. Information recueillie auprès de Jean-Luc Chauvin alors président de l'UPE13.

Barcelone, quand Marseille vient de perdre en une seule grève un trafic de 100 000 containers... Le coût est exorbitant. Dix ans plus tard, Stéphan Brousse dresse le bilan. Il n'épargne pas le patronat marseillais, trop longtemps soucieux de petits arrangements avec ce syndicat omnipotent : « À Marseille, nous vivons sur une forme de fatalisme. On n'est pas bons, c'est comme ça, c'est notre différence. Du coup, on baigne dans la médiocrité. Certains entretiennent l'idée que Marseille est pleine de mystères. On soigne la légende des gros mafieux en costumes rayés. Dans le même temps, les médias font monter la sauce autour des quartiers nord. Je le dis, une personne qui a réellement des compétences ne peut venir à Marseille, elle n'y sera pas forcément bien reçue. »

Des questions planent sur la médiocrité de la classe politique, mais également sur la composition de certains conseils d'administration qui n'a rien de démocratique. Le *leitmotiv* est : « Laissez-nous tranquilles, on est très bien entre nous. » Pour Stéphan Brousse, un « quant à soi » marseillais insupportable asphyxie la ville. Mais l'entrepreneur ne met pas tout le monde dans le même sac : « Jean-Claude Gaudin aimait les entreprises qui ont joué un rôle important dans sa prise de pouvoir, notamment le banquier Bernard Maurel auquel il fut éternellement reconnaissant. Le maire, au départ, voulait réformer le système clientéliste, mais une fois au pouvoir, il a fait comme les autres et composé avec la CGT et FO. Ses proches ont vite compris que les arbitrages étaient plus politiques qu'économiques. » Notre témoin déplore en outre le poids d'une certaine franc-maçonnerie sur l'appareil économique : « Quand je suis arrivé à l'Union patronale, j'ai viré la quasi-totalité du conseil d'administration car je sentais cette influence néfaste. Quand je suis parti, les frères sont revenus. J'ai notamment une anecdote savoureuse. Je m'étais indigné de la nomination selon moi injustifiée d'un “frangin” à la direction de la RTM [Régie des transports métropolitains]. J'ai reçu alors la visite de trois membres du conseil d'administration qui m'ont expliqué qu'il s'agissait d'un homme formidable. Vous comprenez mieux pourquoi je les ai virés… Ces réseaux ont un effet néfaste car ils contribuent à entretenir les mystères de Marseille. Or il n'y a pas de mystères à Marseille, c'est une ville comme une autre sauf qu'elle est très mal gérée depuis des décennies. »

Dans ce terrible réquisitoire, Stéphan Brousse reconnaît des contre-exemples, comme la réussite éblouissante de l'armateur CMA-CGM offert pour une bouchée de pain par Jacques Chirac au Libanais Jacques Saadé en 1996. Ce dernier est parvenu à en faire l'un des plus grands armateurs mondiaux sans que son siège quitte Marseille. Même réflexion pour la société de restauration collective Sodexo ou Onet, le *number one* de la propreté. Marseille a donc des atouts. Mais les cartes sont trop souvent dans de mauvaises mains.

Marseille, ville normale ? Pas vraiment, quand on se réfère à certaines affaires qui ont fait de la cité la clé de voûte de nombreux trafics, à commencer par celui de la drogue, mais pas seulement. Lors d'une enquête menée par l'auteur en 2008, un expert maritime, qui souhaitait conserver l'anonymat, expliquait ainsi que, lors de l'expertise d'un container de poteries tombé d'une grue, il découvrit avec surprise que le vingt-pieds dissimulait, au milieu des débris de terre cuite, un plein chargement de kalachnikovs... Que sont devenues ces armes ? Il l'ignore, mais l'affaire n'a pas été ébruitée. Plongée dans le monde du silence.

Que dire de ces centaines de véhicules volés qui prennent régulièrement la direction de l'Algérie et qui s'étalent sur les parkings du port ? Certes, de temps en temps, un trafic est démantelé pour satisfaire l'appétit médiatique et rassurer le citoyen. Mais le port demeure une zone hors-sol, carrefour d'obscurs intérêts croisés et souvent secrets.

Momon disparaît

Edmond Goubert. Un nom qui n'évoque pas grand-chose pour le commun des mortels. Mais il n'en est pas de même sur le port de Marseille. Celui qu'on surnommait Momon était tout autant craint que respecté. Il a régné durant plus de dix ans sur les destinées du site sans avoir officiellement aucune fonction au sein de la direction du Grand Port Maritime, qui s'étale sur plus de 40 kilomètres des quais de la Joliette aux confins de Fos-sur-Mer.

Momon est un homme des quais, parti du bas de l'échelle pour gravir tous les échelons, du docker à la stratégique direction de la société d'acconage Marseille-Manutention. L'acconier est celui qui assure avec sa main-d'œuvre le chargement et le déchargement des navires. Il marque une étape stratégique dans la complexe chaîne portuaire, fort bien maîtrisée par les organisations mafieuses. Le port a toujours rimé avec trafics de toutes sortes : drogue, armes, cigarettes, voitures... C'est le royaume du silence, car ici personne ne parle de ce qui se passe vraiment dans ce «cluster» où se côtoient douanes, police, entreprises, voyous et dockers. De là à dessiner quelques accords secrets... Comment ne pas y penser ? En tout cas, c'est la rumeur. Momon Goubert est un étrange personnage, sorte d'interface entre criminalité organisée, monde politique et milieux économiques. Un homme puissant, respecté, nous l'avons dit, dont le destin bascule un matin de janvier 2002, ouvrant ainsi l'une des plus étranges énigmes criminelles de ces quarante dernières années à Marseille. Ce 11 janvier 2002, l'homme se volatilise en effet dans de rocambolesques circonstances.

Il est 7 h 37 quand Edmond Goubert compose son premier numéro à partir de sa ligne de portable SFR. Il vient de quitter son domicile de Bouc-Bel-Air pour se rendre au port. Son épouse prépare les bagages pour un départ en week-end dans la station de ski de Vars. Plusieurs appels se succèdent sur la même ligne, jusqu'à son arrivée à 8 heures dans les locaux de Marseille-Manutention. Il ôte son pardessus de cachemire avant de passer plusieurs coups de téléphone professionnels. On a constaté un vol dans les entrepôts, le boss s'en inquiète. Il reçoit également ce matin-là la visite de deux personnes, dont l'une est une très vieille connaissance, Sauveur Ruellou. Ce docker de profession a déjà été impliqué avec lui dans un énorme trafic de cigarettes démantelé en 1988 sur le port de Marseille. C'est donc le passé et la part d'ombre d'Edmond Goubert qui lui rendent visite.

Vers 10 h 30, Edmond Goubert enfile son manteau et monte dans sa Peugeot 607 bleu de Chine. « Je reviens », lance-t-il pour se rendre à ce mystérieux rendez-vous. Il est prévu qu'il retourne dans les locaux à 11 h 30. À 10 h 43 précises, les caméras de surveillance filment sa sortie de l'enceinte de sécurité de Marseille-Manutention. Puis le fil d'Ariane continue de se tendre : trois appels sur son portable à 10 h 48, 10 h 51 et 10 h 52. À ce moment précis, les caméras de la porte 3 Cap-Pinède filment la sortie de la Peugeot 607 de l'enceinte portuaire. Le portable borne par la suite dans le secteur de la Joliette avant de perdre le contact sur l'avenue Robert-Schumann.

Cela fait vingt ans. Ni Goubert ni sa voiture n'ont été retrouvés, ce qui laisse à penser que cet homme a été victime de ce que les Italiens appellent une *Lupara bianca*[1], technique qui consiste à faire disparaître la cible avec son véhicule sans laisser de traces. D'après le bruit qui court sur le port, Goubert et sa voiture auraient été enfouis pour l'éternité dans le béton des fondations de la célèbre tour CMA-CGM, qui trône désormais fièrement à l'entrée du quartier de la Joliette. Mais il s'agit d'une rumeur.

***

1. La Lupara est un petit fusil de chasse à deux coups longtemps utilisé par les hommes de la Cosa Nostra pour les assassinats.

Les questions fusent. Qui a fait disparaître Goubert et pourquoi ? Plusieurs pistes s'offrent à la police, à commencer par les activités occultes de Momon, symbolisées par son implication dans le dossier Zaza. En 1988, les douanes saisissent 946 caisses de cigarettes de contrebande à l'intérieur d'un camion qui vient de quitter le port. Un formidable trafic orchestré par le Napolitain Michel Zaza est mis au jour. Ce camorriste surnommé O Pazzo (le Fou) est une pointure dans la hiérarchie mafieuse puisqu'il dirige l'une des plus puissantes mafias de Naples, la Nuova Famiglia. Il est même introduit, chose rare, au sein de la fameuse Commission de Palerme, l'instance suprême de la Cosa Nostra sicilienne. À cette époque, la pression des mafias italiennes est très forte sur le midi de la France, à tel point qu'en 1993 une commission d'enquête parlementaire présidée par le député François d'Aubert est désignée. L'affaire Zaza est largement évoquée dans son rapport final.

Les complexes ressorts du trafic nous mènent dans un vrai tour du monde, de New York à Lomé, en passant par l'île de Saint-Martin et bien sûr Marseille, carrefour de la filière. Une chaîne d'intervenants portuaires permet à des containers entiers de cigarettes d'être déchargés clandestinement sur le port de Marseille, puis chargés tout aussi illégalement sur des camions qui partent à la nuit tombée vers l'Espagne et l'Italie, où les cigarettes sont écoulées dans des réseaux parallèles. Goubert, alors simple chef d'équipe chez l'acconier Intramar, joue un rôle essentiel dans ce trafic, comme en témoigne aux policiers un certain Pierre Dupas.

Ce transitaire, par ailleurs commissionnaire en douane agréé, préside aux destinées de la SA Cavallier. En mars 1988, Dupas connaît des difficultés financières et Goubert lui présente Dante Sacca. Sacca n'est autre que le bras droit de Michel Zaza. Ils lui proposent un transit de cigarettes, ce qu'il accepte, pris à la gorge par ses problèmes de trésorerie. Un tour de passe-passe subtil permet d'utiliser les services de plusieurs sociétés pour échapper aux lourds droits de douane intracommunautaires. Les quantités écoulées sont impressionnantes. Pas moins de quatre-vingt-dix containers de blondes ont transité à Marseille[1].

Zaza, Goubert et plusieurs complices, dont un douanier, lui aussi pièce essentielle de l'entreprise, sont interpellés au cours d'une enquête supervisée par le juge marseillais Jean-François Sampieri. Le magistrat reconstitue avec méthode le parcours des containers qui, partis de New York, rejoignent Lomé, puis Marseille. Vidés clandestinement dans les entrepôts du port autonome, ils repartent vides vers l'île de Saint-Martin, ce qui intrigue le magistrat. Intraitable avec le crime organisé, le juge Sampieri entretient des rapports rugueux avec les avocats de la défense. Sampieri, l'homme qui terrorise les mafieux. Son instruction démontre que le système portuaire, par sa complexité et ses multiples sas, est un outil rêvé pour développer des trafics d'envergure. Le juge, qui dispose d'informations fiables, estime en outre que ce trafic de cigarettes dissimule en réalité un puissant réseau de drogue. Il s'appuie

1. Notes prises dans le dossier d'instruction.

notamment sur des rapports de police qui désignent Goubert comme le pivot de l'importation de cocaïne à Marseille. Ainsi, une procédure parallèle supervisée par la brigade du proxénétisme révèle la présence d'un groupe de trafiquants sévissant sur le port dont le chef, aux dires du repenti Charles Mourre, est un certain Momon.

Les soupçons, c'est une chose. Prouver l'implication de Goubert dans ces activités en est une autre. Ce dernier demeure insaisissable sur ce supposé volet drogue de l'affaire. C'est pourtant bel et bien lui la pierre angulaire de l'affaire Zaza, alors qu'il travaille au sein de la société d'acconage Intramar. La filière met en scène une société d'import-export montée de toutes pièces, la Sonegex. Le transitaire Cavallier recrute, lui, les sociétés de transport. Le tout est supervisé par un commanditaire exotique, Sunnith Trading, structure pilotée par Dante Sacca. Un destinataire boucle la boucle sur l'île de Saint-Martin, Simaron-Export[1]. Malgré tous ses efforts – et il ne les a pas ménagés –, le juge Sampieri se heurte à un mur. Il ne parvient pas à prouver qu'il y a trafic de drogue malgré des informations faisant état de doubles cloisons installées dans les containers et bourrées de came[2].

---

1. *Ibid.*

2. D'après le journaliste de *VSD* Yvan Stefanovitch, très proche de Jean-François Sampieri. Entretien avec l'auteur, été 2016, pour le film *Riviera Nostra* coréalisé avec Bernard Nicolas, France 3 Méditerranée, diffusion avril 2017. La justice ne jugera *in fine* en 1991 que ce trafic de cigarettes, qui donnera lieu aux condamnations de Michel Zaza et de ses complices, dont Edmond Goubert, qui écopera de six ans de prison.

***

L'instruction est marquée par un rebondissement inattendu : la révélation d'une tentative de corruption de magistrats aux fins de remettre en liberté, peu avant son procès, le boss, Michel Zaza, incarcéré pour ce trafic de cigarettes. L'hebdomadaire *VSD* révèle ainsi que le responsable de l'antenne marseillaise de la DEA[1], Michaël de Sanctis, est parvenu à infiltrer dans le réseau Zaza une taupe qui répond au nom de code « SXRC ». Celui-ci aurait appris que le mafieux pourrait être libéré en juillet 1990 après que les trafiquants auraient versé 50 millions de francs de pot-de-vin.

Le 27 juin 1990, les policiers des stups français procèdent à une filature de quatre personnes, trois hommes et une femme. Parmi eux, un homme d'affaires monégasque, blanchisseur attitré du clan, accompagné de Beppe Liguori, le propre beau-père de Michel Zaza. Giovanni Tagliamento est lui aussi du voyage. Celui que l'on surnomme O'Ragnolino (la Petite Araignée) est le VRP de la Camorra dans le sud de la France et apparaît par la suite dans de nombreux dossiers. Le véhicule, une BMW, est d'abord suivi à Marseille où il s'arrête devant le cabinet de l'un des avocats marseillais de Zaza[2]. Puis, à la sortie de l'entretien avec le défenseur, ils prennent la direction d'Aix-en-Provence, où deux des hommes contactent un troisième individu vêtu

1. Drug Enforcement Administration, les « stups » américains qui possédaient alors une antenne à Marseille.

2. Procès-verbal de filature du 27 juin 1990, section des stupéfiants du SRPJ de Marseille, n° 2996.

d'un pantalon clair et d'une chemisette. Il s'agit d'un magistrat ultérieurement identifié en la personne du président de la chambre d'accusation, celui qui, potentiellement, a le pouvoir de remettre en liberté « O'Pazzo » avant son procès.

Les policiers, interloqués, photographient le juge qui monte dans la voiture. La BMW se dirige alors vers l'une des meilleures tables de la ville, le Clos des violettes. Le repas terminé, le magistrat est reconduit place de la Rotonde et regagne son cabinet au palais de justice, suivi de près par les enquêteurs. Une tentative de corruption se serait-elle nouée ce jour-là ? C'est envisageable. Mais le juge concerné ne sera pas judiciairement inquiété car la preuve de la corruption n'est nullement établie. L'embarrassante affaire se réglera « en douceur », loin des feux médiatiques, le magistrat concerné étant écarté du traitement de l'affaire Zaza. Cet épisode démontre à l'époque l'incroyable puissance de ces clans mafieux italiens qui ont pris racine sur le port de Marseille. Ils ne craignent pas d'approcher des magistrats.

***

Les relations passées de Goubert avec les mafias italiennes ne sont qu'un élément de contexte susceptible d'expliquer sa brusque disparition. Ses rapports avec la pègre marseillaise sont tout aussi troublants, d'autant que, loin de simples suspicions, Momon est cette fois-ci empêtré dans une sombre affaire de racket portuaire touchant GTM, une société de gardiennage de marchandises dangereuses et de matériel militaire. Ernest Vittiglio, un homme haut en couleur que l'on surnomme Nénesse, dirige depuis plusieurs années cette entreprise. Il affirme avoir été démarché par Edmond Goubert, associé à celui qui est considéré comme une figure du milieu marseillais, Jean-Luc Barresi. Ce dernier exerce par ailleurs la fonction d'agent de joueurs et il est très actif autour de l'OM. Lors d'une rencontre avec l'auteur, Vittiglio détaille ainsi les conditions assez particulières de Goubert : « On nous a proposé du gardiennage. Il était prévu une ristourne de 10 à 20 % sur les contrats. Une ristourne [en réalité un dessous-de-table] en liquide a été demandée par M. Goubert. Il nous a expliqué que cet argent devait nous aider à nous protéger. Nous avons dit stop et c'est à ce moment-là que nous avons reçu des menaces[1]. » Un autre volet du deal prévoit l'embauche de la compagne de Jean-Luc Barresi.

La suite des événements est bien plus tragique. Ernest Vittiglio porte plainte contre Goubert et Barresi après le suicide de son fils, qu'il retrouve pendu à un arbre dans un champ d'oliviers aux Baux-de-Provence. Le père affirme qu'en raison de ces menaces son fils a craqué. L'enquête confiée aux gendarmes conduit à la mise en examen et plus tard à la condamnation d'Edmond Goubert par contumace et de Jean-Luc Barresi, présent devant le tribunal. La condamnation de Barresi est confirmée par la suite en appel en 2014[2]. Par sa pugnacité, Ernest Vittiglio a en quelque sorte donné un coup

1. Entretien avec l'auteur, 2002.
2. Il écope de trois ans de prison dont deux avec sursis.

de pied dans la fourmilière. Il a brisé la loi du silence et des petits arrangements entre amis pour la mémoire de son fils. Le père, décédé en 2007, n'assistera pas à l'issue judiciaire de cette affaire.

***

L'affaire Vittiglio ne suffit cependant pas à expliquer « l'évaporation » de Momon Goubert. Les gendarmes explorent une autre facette de la vie du personnage : ses étroites relations avec les acteurs économiques du port et les hommes politiques locaux. Au moment de sa disparition, Goubert semblait en pleine ascension, avec la concrétisation prochaine d'un contrat conclu avec une firme danoise pour assurer le transit de 32 000 camions par an. « Il allait prendre une position jamais atteinte par personne dans l'exploitation de la manutention sur le port de Marseille », explique Charles-Émile Loo, l'une des personnalités du port autonome de Marseille, lors d'un interrogatoire par la police judiciaire. D'où, affirme-t-il, « des avantages financiers certains »[1]. Le champ est d'autant plus dégagé que Goubert a obtenu en 2001, grâce au recours présenté par son avocat, Jean-Claude Valera, un jugement de réhabilitation de la cour d'appel d'Aix-en-Provence. Celui-ci a pour effet de blanchir son casier judiciaire et de mettre fin à l'interdiction de pénétrer dans l'enceinte du port, en cours depuis sa condamnation dans l'affaire Zaza. On se demande d'ailleurs comment, après avoir été aussi lour-

1. Interrogatoire, 8 février 2002.

dement condamné, il est ainsi devenu en quelques années l'un des membres les plus influents du patronat portuaire. Quels intérêts se cachent derrière Momon Goubert ?

Ce n'est pas la moindre des énigmes. L'homme gouvernait jusque-là son royaume par téléphone, donnant ses ordres de l'extérieur de l'enceinte portuaire, ce qui est pour le moins singulier. Le roi peut donc désormais en toute quiétude rejoindre son territoire, même s'il paraît évident qu'il y faisait de discrètes incursions. Momon devient également l'un des interlocuteurs privilégiés de négociations mettant en scène le directeur du port autonome, Éric Brassart, et ce personnage incontournable qu'est Charles-Émile Loo. Celui-ci, qui a fait partie de la garde rapprochée de Gaston Defferre, dirigeant notamment ses campagnes électorales, est l'un des pontes de la Socoma, cette coopérative historique, œil du PS sur le port. On retrouvera plus tard en son sein des personnalités comme Jean-Noël Guérini ou la sénatrice Sylvie Andrieux qui ont leur jeton de présence.

Loo prépare son retour au sein d'Intramar, l'un des plus gros acconiers du port. Or Goubert y est opposé. Dans une écoute datée du 17 septembre 2001, ce dernier s'exprime au sortir d'un déjeuner avec Éric Brassart[1]. Il relève que plusieurs responsables du port voient d'un très mauvais œil le retour de Loo aux affaires d'Intramar. La tension est palpable. Dans une autre écoute[2], on découvre que les futurs projets de développement se

1. Écoute issue du dossier d'instruction.
2. *Ibid.*

font au détriment de Marseille et du bassin est, au profit de Fos-sur-Mer et du bassin ouest qui va aspirer le trafic container, ce qui semble déranger fortement Goubert, dont l'une des missions officieuses est de « s'occuper » des dockers CGT. Il a manifestement son mot à dire. Respecté par la corporation, il est l'homme qui apaise les conflits en arrondissant les angles avec le patronat portuaire. « Il suffisait qu'une caisse tombe au bout du port pour que Momon soit immédiatement au courant. Il était partout, c'était la mémoire du port, on pourrait même dire le patron occulte. Le gardien des secrets », nous confie encore l'expert maritime lors de notre enquête de 2008. Momon est un personnage complexe : « Il était très cultivé[1] », révèle un proche qui relate les nombreux déplacements à l'étranger de cet homme apprécié par les uns et détesté par les autres.

***

L'influence d'Edmond Goubert ne se limite pas à ses relations intra-portuaires. Il est aussi l'un des interlocuteurs privilégiés de la mairie de Marseille, grâce à ses bons rapports avec Claude Bertrand, le directeur de cabinet de Jean-Claude Gaudin. Les écoutes révèlent ainsi une étrange démarche d'Edmond Goubert auprès de ce dernier, afin de venir au secours d'un autre proche, l'ex-président de la chambre de commerce et du port autonome, Henri Roux-Alezais, embringué dans une affaire de prise illégale d'intérêts impliquant sa

1. Entretien avec l'auteur, 6 janvier 2022.

propre entreprise, qui officie elle aussi sur le port. HRA est par ailleurs président de la holding MGM qui regroupe Intramar et Eurofos, et dont Edmond Goubert est le directeur général. On perçoit la conjonction d'intérêts.

Ce matin du 21 décembre 2001, Henri-Roux Alezais a comparu devant la sixième chambre correctionnelle. Et Goubert se montre inquiet car le procureur a requis dix-huit mois de prison avec sursis contre son ami. Dans le dialogue qui suit, Edmond Goubert sollicite Claude Bertrand pour qu'il intervienne auprès du tribunal afin d'adoucir la sentence mise en délibéré.

CLAUDE BERTRAND : Michel m'a dit que, euh, notre ami Henri était passé ce matin.

EDMOND GOUBERT : Ouais !

CB : Bon, j'trouve en effet que c'est très excessif, vous savez quel est le nom de la présidente de chambre ? C'est Mme Varlamoff ? [La présidente est Monique Sakri.]

EG : Euh... Je crois.

CB : Et ça a été mis en délibéré, euh... jusqu'à quand ?

EG : Janvier. Ils fixeront la date demain, mi-janvier.

CB : Bon, ça vous fait plaisir si on essaie de l'aider ?

EG : Haaa... écoutez, ce serait merveilleux !

CB : Non, mais je vous dis, c'est là...

EG : Ça serait merveilleux franchement.

CB : Moi, je veux pas faire plaisir à Henri Roux-Alezais.

EG : Non, non, non, j'ai bien compris.

CB : Euh... J'ai dit, euh... Y a une petite possibilité.

EG : Écoutez.

CB : Si vous me dites ça me fait plaisir, je le fais très volontiers.

EG : Grandement plaisir.

CB : Si ça vous fait plaisir, je le fais.

EG : Grandement, grandement plaisir.

CB : Sans, euh, sans, euh… garantie de résultat !

EG : Non, mais bien entendu […].

CB : Il faut que je le sache tout de suite avant que les gens partent en vacances.

EG : Ben alors, c'était ce matin, il n'y avait qu'une affaire, c'était celle-ci.

CB : Oui, 6e chambre, hein.

EG : 6e chambre.

CB : OK.

EG : Encore une fois, mille mercis.

CB : Non, non, mais c'est moi qui vous remercie…

EG : Non, non !

CB : C'est moi qui suis votre débiteur et pas l'inverse.

EG : Non, non, c'est moi, c'est moi.

CB : Non, non.

EG : Vous pouvez pas savoir, vous pouvez pas savoir, un jour je vous dirai, pas maintenant, voilà, ha, ha, ha !

CB : Ha, ha, ha. Bon, en tous les cas.

EG : Joyeux Noël !

CB : En tous les cas, bonnes, bonnes fêtes. N'en parlez pas à… à… Henri.

EG : Ja… Jamais de la vie, non, non, jamais de la vie.

CB : Qu'il soit pas, euh, qu'il soit pas déçu.

EG : En tout cas merci de cette offre qui me touche au cœur, monsieur, merci, voilà !

CB : Ah ben, écoutez, j'espère un jour être en mesure de vous toucher davantage au cœur, parce que là, finalement, c'est quelqu'un d'étranger[1].

Cette écoute stupéfiante soulève nombre d'interrogations, à commencer par celle-ci : Claude Bertrand serait-il réellement intervenu en faveur de HRA pour peser sur l'institution judiciaire ? Une autre question tout aussi décisive se pose : de quoi Claude Bertrand serait-il tant redevable envers un personnage dont il faut rappeler la proximité avec le grand banditisme ?

L'affaire, qui date de vingt ans, en est restée là, malgré une mise en examen de Claude Bertrand précédée d'une spectaculaire perquisition dans les locaux de la mairie. Entre-temps, Jean-Claude Gaudin était monté au créneau, dénonçant l'« impunité des juges » pour défendre bec et ongles son collaborateur et ami au cours d'une conférence de presse exceptionnelle au palais du Pharo. Ce jour-là, le maire emploie un langage d'ordinaire réservé aux « connus des services de police ». Il affirme être victime d'un « travail », ce qui, pour le commun des mortels, peut se traduire par une « manipulation »[2].

Quant à Claude Bertrand, il bénéficie en bout de course d'un non-lieu qui, disons-le, ne lève pas toutes les zones d'ombre de ses troubles relations. Il dénie toute démarche auprès des magistrats : « Je ne connais

1. Retranscription dans Bruno Aubry, *Les Parrains de la Côte*, Marseille, L'Écailler du Sud, 2005, p. 209-211. Reprise : *Le Monde*, 12 octobre 2002.

2. L'auteur était présent lors de cette conférence de presse pour le quotidien *France Soir*.

absolument pas les juges qui ont instruit et statué sur le dossier dont il s'agit. Je n'ai bien entendu fait aucune démarche vis-à-vis de l'institution judiciaire[1].» Certes, la garde à vue et la mise en examen de son plus proche collaborateur peuvent expliquer la colère affichée par le maire de Marseille devant les journalistes. Mais on peut penser que l'édile demeure embarrassé par ces transcriptions d'écoutes. Encore une fois, de quoi le directeur de cabinet de la deuxième ville de France serait-il donc «redevable» envers Edmond Goubert ? En voilà, un vrai mystère.

Compte tenu de la personnalité pour le moins sulfureuse du boss du port autonome, on peut imaginer différents cas de figure. Certaines sources laissent entendre que Momon a rendu quelques services dans le ténébreux dossier Saincené[2], notamment celui de prêter aide et assistance à Claude Bertrand durant sa détention. Cette affaire prouve plus que jamais la proximité quasi fusionnelle entre le maire et son directeur de cabinet. Cette hydre à deux têtes a remarquablement fonctionné : Gaudin en première ligne sur les plateaux et dans les meetings, Bertrand à la manœuvre en coulisse. Il se dit que ce dernier a été le véritable maire de Marseille durant ces vingt-cinq années. Jean-Claude Gaudin étant quant à lui focalisé sur son destin national : au Sénat, au ministère de la Ville, puis au sein de l'UDF et enfin de l'UMP. Quand on voulait voir Gaudin, il fallait souvent «monter à Paris», où il passait le plus clair

1. Dépêche AFP, 28 mars 2003.
2. Voir chapitre 2.

de son temps, ce qui l'éloignait de plus en plus des problématiques de Marseille. *A contrario*, bien que non élu, Bertrand, habile à tirer une à une les ficelles de la vie politique et économique locale, se sentait habité par un sentiment de toute-puissance. Il ne supportait pas que certains maladroits tentent de le court-circuiter en contactant directement Jean-Claude Gaudin. Il s'arrangeait pour que l'on coupe définitivement les rapports avec le maire. Redoutable Bertrand.

Sauf que, dans le dossier Goubert, l'éminence grise montre ses limites… Il a fallu que « Jean-Claude » remette les choses en ordre, reprenne sa place le temps d'une affaire. On peut s'étonner au passage que Claude Bertrand se soit laissé aller aussi librement à de tels propos au téléphone, signe évident qu'à trop lui laisser la bride sur le cou le cheval s'emballe. Cet épisode laisse néanmoins un goût amer et donne une image désastreuse des mœurs marseillaises. Les relations transversales, souvent glauques, unissant patronat portuaire, milieu, classe politique et une magistrature locale mise à mal par ces révélations ne peuvent que semer le doute sur le traitement de certains dossiers judiciaires.

La relaxe d'Henri Roux-Alezais devant la sixième chambre correctionnelle nourrit encore le malaise général. HRA sera certes condamné en appel, mais… dispensé de peine, ce qui ne dissipera pas totalement ce climat de suspicion. Quant à la disparition de Momon, elle s'est soldée par un non-lieu, alors que du côté de la PJ on ne semble guère douter des dessous de ce crime sans cadavre. « Momon a été éliminé par des membres influents du milieu local qu'il avait "enflés" sur une livraison de drogue », affirme un enquêteur. Il cite alors deux boss locaux qui auraient réglé à leur façon le contentieux Goubert. On sait que le matin de sa disparition Momon s'est entretenu avec son « amie », une jeune femme travaillant dans une agence de voyages. Il lui aurait expliqué qu'il avait eu la veille des soucis avec des « gens » et qu'il allait « régler les problèmes ».

Pour ajouter au trouble, le dossier de l'instruction serait, d'après certaines sources, introuvable au palais de justice de Marseille, ce qui, au demeurant, n'est pas une première. Jadis, un dossier impliquant la scientologie avait lui aussi disparu. *Idem* pour des photos compromettantes d'un homme politique de premier plan dans un dossier varois. Et, semble-t-il, d'autres dossiers potentiellement sensibles ont connu le même sort... Que de désordre au palais ! Enfin, ultime malaise, l'auteur a contacté en 2002 le juge Sampieri, alors en poste dans le Vaucluse, pour connaître son sentiment sur la disparition d'Edmond Goubert et recueillir d'utiles informations sur le personnage. Le magistrat a répondu sur un ton cassant qu'il refusait de s'exprimer. Nous n'en saurons pas davantage : quelques semaines plus tard, Jean-François Sampieri décédait dans un accident alors qu'il se trouvait seul au volant de son véhicule. Il a percuté un arbre.

La « coke connection » passe par Marseille

Le mystère Goubert à peine démêlé, la justice marseillaise n'en a pas fini d'explorer les arcanes des trafics de stupéfiants sur le port de Marseille. Et comme très souvent, c'est d'Italie que viennent les signaux qui alertent les autorités françaises. Un rapport de la Direzione distrettuale antimafia (DDA) de Naples est en effet adressé en novembre 2004 au parquet de Marseille pour lui signaler les activités de deux trafiquants notoires, Jean Romera et Jean Ruimi, en relation d'un côté avec des clans camorristes de Naples, et de l'autre avec un groupe de trois trafiquants sud-américains : Dario Montes *alias* Pastor, Enrique Castilla Guerro dit Elvis et Romero Rafael Rosales. Selon ce document, ce groupe dispose de nombreuses ramifications en Espagne, en Allemagne et en France. Paris et Marseille sont désignés comme des plaques tournantes :

> À la suite de la réunion opérationnelle qui a eu lieu les 3 et 4 février 2004, on a appris que la brigade des stupéfiants du SRPJ de Paris depuis environ deux ans mène des enquêtes avec l'assistance d'agents undercover contre une organisation criminelle se rapportant au Cartel de Cali dont les principaux membres colombiens seraient disséminés, Équateur, Pérou, Venezuela et USA. L'organisation sud-américaine aurait effectué en 2002 et 2003 des importations mensuelles par avion et trimestrielles par bateau de commerce commanditées par des commanditaires européens pour des quantités arrivées à Naples et à Madrid non inférieures à 800 kg de cocaïne. Les investigations conduites par l'intermédiaire d'écoutes téléphoniques, filatures et de l'assistance d'agents sous couverture qui ont opéré en Amérique du Sud, Espagne, France et Italie ont mené à l'arrestation de nombreux passeurs sur des passages par avion et à la localisation d'un laboratoire

dans le centre de Paris où ont été trouvés 25 kg de cocaïne. La participation de personnages français comme Ruimi Jean, Romera Jean et de nombreux autres demeurant à Paris et à Marseille se rapporterait à la vente et au transport de drogue à partir de l'Espagne vers l'Italie et la France[1].

Au palais de justice de Marseille, deux hommes trépignent à la lecture de ce document. Le juge d'instruction Serge Tournaire et le substitut du procureur Nicolas Bessone travaillent depuis plusieurs mois sur un trafic soupçonné de passer par le port de Marseille et dont les deux « Jean », Ruimi et Romera, sont les chevilles ouvrières.

Nous sommes loin de la blanche fabriquée par Jo Cesari et ses doigts de fée, voire de celle du labo de Phoenix. Nous entrons ici dans une nouvelle ère, celle de la cocaïne qui inonde de plus en plus l'Europe dans cette joint-venture entre mafieux italiens, espagnols et cartels sud-américains. Et les Marseillais, s'ils ne sont plus chimistes, demeurent au centre du jeu. Le port est de nouveau le cadre de l'histoire qui met en scène une filière aux multiples ramifications. Les choses ont considérablement évolué depuis l'époque Sampieri. La Jirs vient de naître, la collaboration internationale s'intensifie. Les magistrats français, dont Nicolas Bessone, se rendent fréquemment en Italie. Tout cela permet de vérifier le théorème Sampieri : l'alliance scellée depuis maintenant des décennies entre mafieux italiens et marseillais, qui se régénère inlassablement. Le rapport Tiro

1. Dossier d'information opération Tiro Grosso, 17 novembre 2004, cote 7024.

Grosso, du nom de l'opération menée de l'autre côté des Alpes, est riche d'enseignements sur l'envergure de nos trafiquants marseillais :

> Nombreux sont les contacts échangés entre Ferrara Carmine ou des membres du groupe italien de l'organisation avec des représentants français. Les premiers contacts sont enregistrés en juin 2003 avec des personnages non identifiés mais indiqués comme étant « les Français ». [...]
>
> À la fin août 2003 ont lieu les premiers contacts directs entre Cerrito Giovanni et Ruimi Jean ayant toujours pour objet de trouver des sommes d'argent devant être destinées à l'importation d'Amérique du Sud d'une grosse quantité de stupéfiants (cocaïne). Notamment les 28 et 29 août 2003, on constate la présence de Ruimi Jean à Caserte où celui-ci a mis en œuvre des transactions commerciales. [...]
>
> Le contenu des écoutes téléphoniques ferait comprendre qu'entre Ferrara et Ruimi il y a en cours une négociation pour l'ouverture en France d'une société apparemment en vue de l'importation de sucre d'Amérique du Sud qui serait utilisée concrètement pour le transport de la drogue.

Le canevas est donc dessiné pour Serge Tournaire et Nicolas Bessone qui vont démanteler deux filières. L'une passe par la route, son équipe sera arrêtée et 34 kg de cocaïne saisis dans un véhicule à destination du clan Ferrara. L'autre, avortée faute d'avoir pu fonctionner en raison des arrestations, met une nouvelle fois en exergue les failles béantes de la chaîne portuaire marseillaise. La clé, un certain Jean-Pierre Ferrié, responsable de la société Comatransit, « spécialisée dans l'entreposage de produits exotiques transportés et gérés jusqu'en 2004 par son neveu Serge Kohel, jusqu'à son suicide par pendaison, puis par sa fille et son gendre[1] », note l'ordonnance de renvoi devant le tribunal correctionnel rédigée par le juge Tournaire. On se suicide décidément beaucoup sur le port de Marseille. En effet, comment ne pas faire le rapprochement avec le décès du fils d'Ernest Vittiglio ? L'ombre du fantôme d'Edmond Goubert passe. À moins qu'il ne s'agisse là que d'un malheureux concours de circonstances ? Mais, tout de même, que de troublantes correspondances.

On note qu'il est question ici d'importer la drogue, non par le bassin est comme ce fut le cas dans l'affaire Zaza, mais par Fos-sur-Mer *via* la ligne régulière La Guira/Fos-sur-Mer. Des écoutes sont assez parlantes, dont l'une entre un Colombien, qui téléphone depuis Casablanca, et Jean Ruimi, revenu à Marseille après un périple en Martinique. L'interlocuteur indique « que le café était prêt depuis une semaine à 10 jours » et « qu'il fallait une adresse de société en Europe pour expédier la marchandise »[2].

L'imagination des trafiquants et leur maîtrise de la technique portuaire sont ici sans limite : ainsi, Ferrié est sollicité pour l'acheminement d'une cargaison de fruits exotiques truffés de cocaïne. Toutefois, la société transitaire choisie doit demeurer dans l'ignorance du trafic. Il est donc prévu que le container soit gonflé de 300 à 400 kg de façon que, à l'arrivée, après le déchargement

1. Ordonnance du 25 avril 2007, instruction D03/00026.
2. *Ibid.*

de la drogue, il n'y ait pas de « trous » pour le client des fruits.

L'affaire démontre combien il est aisé de faire transiter par le port autonome des quantités phénoménales de drogue ou de marchandises provenant d'autres trafics en grugeant les contrôles portuaires le plus souvent aléatoires. Le site maritime devient une sorte de grande passoire d'où s'échappe la came dans le fracas des déchargements, les cris des caristes et le claquement bruyant des Clarks qui s'affairent au petit matin. Ici, l'opération est d'autant plus aisée que les containers ne comportent pas de scellés.

***

Cette affaire n'aurait sans doute pu être mise au jour sans l'intervention d'un repenti qui bénéficiera d'un statut de collaborateur de justice. Petite main du trafic, l'Irakien Lenard Eshalom est boulanger de son état dans le quartier de L'Estaque. Il devient par la suite la grande attraction du procès qui se tient devant la cour d'assises spéciale d'Aix-en-Provence. Leurs complices ont été condamnés quant à eux lors d'un précédent procès devant le tribunal correctionnel de Marseille. Parmi eux figurent quelques gloires passées de la French Connection comme William Perrin ou le dénommé Jean Guy, que nous avons croisé au travers de l'affaire Pierre Michel pour ses liens avec l'équipe Scapula-Altiéri[1].

1. Ruimi et Romera, jugés à Aix, écopent de dix-huit ans de réclusion criminelle pour ces faits.

Nous sommes en novembre 2009 à Aix-en-Provence, dans la salle de la cour d'assises spéciale[1]. Lenard Eshalom apparaît sur l'écran de visioconférence aux côtés d'un policier. L'homme est assis dans les locaux du consulat français de Los Angeles. Le repenti détaille le fonctionnement de ce réseau dans lequel il touchait, dit-il, « 1 000 à 2 000 euros » par voyage. Il explique : « On attendait un bateau qui arrivait de L'Estaque qui avait 500 kg de cocaïne », ce qui confirme le dossier d'accusation. L'Irakien évoque un groupe de quatre personnes en Italie, dans lequel on retrouve les Colombiens Elvis et Pastor ainsi qu'un avocat. « Elvis, il avait de l'or de partout », se souvient le témoin. Le dossier révèle également l'implication d'un Belge incarcéré à Anvers, Adrianus Averkamp, ce qui préfigure le cartel transnational évoqué précédemment, dans notre plongée au cœur des quartiers nord[2]. On peut dire que Ruimi et Romera sont en quelque sorte des précurseurs en la matière.

L'affaire Ruimi ne s'arrête pas là car Lenard Eshalom dévoile des faits bien plus graves : il accuse le duo Romera-Ruimi d'être responsable de la mort de trois personnes, dont deux associés d'un garage marseillais. L'Irakien confie que le Napolitain Antonio Montemurno, membre de la filière, a été exécuté dans des circonstances particulièrement horribles. Coincé en Italie en possession de plus de 4 kg de cocaïne, celui que l'on surnomme Toni a tout de même été relâché. À son

1. L'auteur est présent. Notes d'audience.
2. Voir chapitre 3.

retour en France, il était dès lors en conflit avec le clan des Marseillais. Toni ne donne plus signe de vie à compter du 30 avril 2002. Une écoute révèle cette phrase étonnante d'un membre du clan camorriste au sujet d'une rencontre prochaine avec les Marseillais qu'il semble particulièrement craindre : « Il faut venir avec notre famille car lui vient avec sa famille[1]. » Et les craintes des Napolitains envers les Marseillais sont fondées. Eshalom affirme ainsi avoir écouté une conversation entre Romera et Ruimi où il est question de « jus de tomate et de hachette ». Il explique que Toni est emmené en voiture vers un guet-apens. Ruimi et Romera exécutent le Napolitain qui tente de s'enfuir en le frappant à coups de machette. Son corps aurait été ensuite découpé, recouvert d'une bâche et aspergé de produit insecticide, avant d'être enterré dans les collines de L'Estaque. Mais le cadavre n'a jamais été retrouvé. Quant à Daniel Barbanon, l'associé de Montemurno, il est abattu d'une balle dans le dos dans les sous-sols de la cité des Tuileries le 22 mai 2002. Un complice des tueurs, Georges Daoud, est tué accidentellement d'une balle perdue au cours de l'opération.

À la suite de ces révélations, Jean Ruimi et Jean Romera comparaissent de nouveau devant la cour d'assises des Bouches-du-Rhône et écopent de lourdes condamnations : vingt-cinq et vingt-deux ans de réclusion. Et puis se produit l'incroyable métamorphose. Incarcéré, Jean Ruimi devient un autre homme en

1. Propos recueillis au cours d'un entretien avec Nicolas Bessone courant 2009.

montant au sein de la prison d'Arles une troupe de théâtre improvisée. Il écrit des histoires qu'il fait jouer par ses codétenus. Son initiative connaît un retentissement médiatique, notamment dans les colonnes du *Monde* qui rendent hommage à son talent d'acteur dans son interprétation de César dans le *Marius* de Marcel Pagnol joué aux Baumettes en 2020. Ruimi, l'ancien mécanicien reconverti dans la came, a décidé de mener une autre vie, loin de la coke et de son univers sordide. Récemment sorti de prison, il entame une belle carrière de comédien pour le metteur en scène Joël Pommerat, qui le fait jouer dans deux pièces en 2022. Il devrait également prendre part à un projet de moyens métrages.

***

Si Jean Ruimi semble avoir tourné la page, d'autres ont pris la place sur le port, comme le confirme le 27 février 2020 le procureur de la République de Marseille. Ce jour-là, Dominique Laurens annonce la plus grosse saisie de cocaïne jamais réalisée en France, soit 3,3 tonnes. En France... Enfin pas tout à fait, car la drogue, destinée à la région marseillaise, a en fait transité par le port de Livourne où les carabiniers ont trouvé la came dissimulée dans quatre-vingt-dix sacs de sport au milieu d'une cargaison de purée de bananes. Mais il fallait poursuivre l'opération pour épingler les destinataires marseillais de la filière. Alors les carabiniers ont laissé les sacs en substituant la cocaïne par de la farine. À l'arrivée à Marseille, les trafiquants n'y ont vu que du feu. Ils ont pris en charge la marchandise jusqu'à leur planque, une villa de Saint-Mitre-les-Remparts. Il serait donc plus logique d'affirmer, avec un peu de mauvais esprit, que la justice et la police ont en réalité opéré la plus grosse saisie de farine jamais réalisée en France…

Bien que nous connaissions l'importance désormais stratégique du Benelux dans le trafic international de drogue, cette énième affaire montre que Marseille conserve sa place en raison du cordon ombilical qui la relie, semble-t-il pour l'éternité, aux groupes mafieux de la Botte[1].

Si la drogue motive de vives appétences autour du port de Marseille, le trafic d'armes n'en est pas moins tout aussi florissant. L'expert Jean-Charles Antoine, considéré comme le « Monsieur trafic d'armes » de la gendarmerie nationale, dresse dès 2014 dans la revue *Hérodote* un constat inquiétant quant à la place de Marseille sur ce marché clandestin :

> D'Algérie, de Libye, de Barcelone, d'Italie, de Corse et du Proche-Orient, des navires accostent sur le littoral marseillais. Les autoroutes européennes suivent également ces directions et convergent vers Marseille. Ainsi, depuis la Serbie ou le Kosovo, des cars internationaux font très régulièrement la navette pour acheminer des voyageurs venus de l'Est. Des Serbes ou des Bosniaques utilisent ces cars et s'arrêtent pour partie à Marseille. Les armes illégales suivent les mêmes trajets […].
>
> En cela, la cité phocéenne fait office de point de contact pour les filières issues du monde entier. En effet, les liens historiques et linguistiques entre des narcotrafiquants

1. Cette thématique est longuement développée dans un précédent livre de l'auteur, *Riviera Nostra* (*op. cit.*).

sud-américains et des intermédiaires espagnols ont permis depuis longtemps de mettre en avant des accords commerciaux « cocaïne contre arme » entre la Colombie et l'Italie. La voie maritime est alors nettement privilégiée[1].

Les affaires et les « cadavres exquis » chers au cinéaste Francesco Rosi n'ont pas fini de flotter dans les eaux noires du port autonome. Un lieu qui, plus que jamais, porte fort bien son surnom de « Port de l'angoisse ».

1. Jean-Charles Antoine, « Le trafic d'armes légères et de petit calibre en région marseillaise : ville symptôme d'un mal français », *Hérodote*, 154, 2014, p. 134-143.

5

OM : les mauvaises fréquentations

C'est l'un des phares de la ville, l'un des rares d'ailleurs à briller au-delà de La Canebière. Avec son stade, sa ferveur, son public chauffé à blanc, ses « tifos », l'OM est un label, une marque, un ambassadeur de la cité. On parle de Marseille à Kinshasa, Moscou, New York, Tokyo, Shanghai, New Delhi… Le foot est universel.

Mais l'addition est salée pour le contribuable marseillais, très salée même si l'on en juge les différents rapports qui, depuis 2010, se sont penchés sur un fort délicat dossier : la rénovation du Vélodrome. Alors que le stade avait connu un premier grand lifting dans les années 1990 sous la présidence de Robert Louis-Dreyfus, l'organisation de l'Euro 2016 a imposé la construction d'une nouvelle enceinte. Problème, Marseille, nous l'avons vu, est une ville surendettée qui ne peut prendre en charge la mise aux normes exigée par le championnat. Le coût de la réfection est évalué à plus de 260,2 millions d'euros[1]. Il est donc décidé de

1. « La Cour des comptes analyse le coût de l'Orange Vélodrome post-Euro 2016 », Made in Marseille.net, 28 septembre 2017.

recourir au procédé dit du PPP[1] (partenariat public-privé) qui vise à faire financer la construction de l'édifice public par l'aménageur privé qui sera choisi. En échange, la ville versera au partenaire une redevance qui s'étale sur une très longue durée, ce qui rend la formule extrêmement coûteuse pour le contribuable.

En avril 2017, la Cour des comptes se charge d'examiner le coût des travaux réalisés dans plusieurs stades du pays pour cet événement. Elle livre un rude verdict sur le choix de cette formule pour Marseille : « L'exploitation de ce stade dans la formule du partenariat public-privé représente sur trente-cinq ans de fonds publics un montant 1,8 fois supérieur à l'investissement initial. Elle risque de peser fortement sur les finances locales, car le modèle économique du stade et des relations entre le club professionnel résident et la ville n'a pas été modifié à l'occasion de sa création, afin de dégager le plus possible la ville des aléas d'exploitation, principalement des aléas sportifs[2]. » En d'autres termes, le projet est mal monté, dans la mesure où il n'a pas redéfini clairement les rapports entre le club et la ville, notamment en ce qui concerne le loyer payé par l'OM pour occuper le site. Dans un autre rapport, daté celui-ci de 2013, la chambre régionale des comptes Paca avait déjà mis l'accent sur l'impact du projet sur les finances

1. Le PPP ou marché de partenariat est un accord contractuel de long terme qui permet à une collectivité publique de recourir à un partenaire privé pour concevoir, réaliser, financer et gérer les infrastructures du service public.

2. « La Cour des comptes analyse le coût de l'Orange Vélodrome post-Euro 2016 », *op. cit.*

de la commune : « L'analyse financière du contrat met en lumière le coût élevé du recours au financement par des fonds propres ou quasi-fonds propres dont la rémunération est de 13 % par an. Le coût brut du fonctionnement du stade s'élève à plus d'un milliard d'euros[1]. »

Les tares endémiques des projets menés dans la ville depuis des années réapparaissent inexorablement, cumul d'incompétences reconnues, de mauvaise évaluation des besoins et d'une sorte de fuite en avant. Et ce PPP assez hermétique pour le profane se traduit très vite par une flambée des impôts locaux (l'auteur en fit le douloureux constat...).

Après le désastre de la rue d'Aubagne, les réalisations inutiles, comme la patinoire du quartier de La Capelette[2] et maintenant le Vélodrome, voilà une nouvelle enclume attachée aux pieds de la municipalité Gaudin, qui va peser d'un poids non négligeable sur le ras-le-bol des Marseillais au moment de mettre leur bulletin dans l'urne. Tout le monde, en effet, n'est pas fan de foot, et quand bien même on apprécie le ballon rond, ce n'est pas à n'importe quel prix.

***

1. Synthèse, rapport d'observations définitives sur la gestion de la commune de Marseille, chambre régionale des comptes, 2013.

2. En février 2021, Benoît Payan présente à la presse l'audit qu'il a fait réaliser sur les Gaudin à son arrivée à la mairie, et fustige, entre autres, la construction de cette infrastructure : « C'est sans nul doute la patinoire la plus chère du monde. C'est un peu la piste de ski de Dubaï au milieu de La Capelette... Ces 50 millions, c'est le coût de trois piscines ou de neuf bibliothèques. »

Au mois d'octobre 2021, il n'est toutefois plus question de ces comptes d'apothicaire. Il s'agit de rendre hommage à celui qui a apporté à la ville sa plus grande fierté : remporter la coupe d'Europe des clubs champions en 1993. L'OM devient la seule équipe française à avoir gagné la prestigieuse compétition. Alors quand Bernard Tapie décède des suites d'un cancer fortement médiatisé, c'est un véritable héros national qui est inhumé, à l'issue d'une cérémonie digne des obsèques de Gaston Defferre. Emmanuel Macron et Jean Castex y vont de leur hommage poignant, et pour certains un peu dérangeant compte tenu du profil *borderline* du personnage. Se dissolvent dans l'air ambiant les effluves piquants des affaires qui parsèment le parcours du tycoon des années 1980. Le président, en particulier, se fend d'une lettre adressée au quotidien *La Provence* aux termes émouvants : « Bernard Tapie nous a quittés, mais son souffle continue d'habiter la cité phocéenne[1]. » Les mots sont choisis, les épithètes élogieuses, le deuil efface toutes les parts d'ombre.

À défaut d'avoir pris la mairie de Marseille, qui lui tendait pourtant les bras, pour cause d'affaires en cascade – Crédit lyonnais, fraude fiscale, Phocéa, OM, etc. –, Bernard Tapie aura eu la satisfaction posthume de passer devant ce lieu tant désiré, comme un ultime clin d'œil. Tapie a réussi sa sortie. Mais ce n'est pas terminé ; avant de gagner le cimetière de Mazargues, le cercueil, drapé aux couleurs de l'OM, trônera quelques heures sur la pelouse du Vélodrome. La plupart des

1. « Lettre-Hommage », *La Provence*, 3 octobre 2021.

supporters, tassés dans la tribune Ganay, étaient bien trop jeunes, ou même pas nés, lors de cette incroyable épopée de 1993 qui vit l'OM terrasser le puissant Milan AC de Berlusconi. Cela ne les empêche pas, les Dodger's, les Fanatics, les Ultras, les Winners, de scander le nom du défunt dans l'enceinte du désormais Orange Vélodrome. Tapie, une icône que l'on vénère comme la Bonne Mère. Pour l'éternité.

Logiquement, les aspects sombres du parcours de Tapie à l'OM, notamment l'affaire VA-OM[1] et les conséquences qui s'ensuivirent – l'exclusion de la coupe d'Europe, la rétrogradation en D2 et le dépôt de bilan du club, sauvé *in extremis* de la disparition par la municipalité *via* la création d'une société d'économie mixte (SEM) –, sont rangés dans la tombe. De même que l'affaire dite des « comptes de l'OM », qui, dès 1994, révèle pour la première fois à grande échelle les pratiques frauduleuses du monde du football, notamment par l'intermédiaire des transferts de joueurs. Un scandale qui précipita la faillite du club, révéla l'extrême fragilité de sa compatibilité, comme si l'empire

1. Le 28 novembre 1995, la cour d'appel de Douai condamne Bernard Tapie à huit mois de prison ferme pour corruption et subornation de témoin, réduisant la sanction prononcée précédemment par le tribunal de Valenciennes, mais allant au-delà des réquisitions en appel. L'homme d'affaires est ainsi sanctionné pour avoir corrompu ou tenté de corrompre plusieurs joueurs de l'équipe de Valenciennes à l'occasion d'un match de championnat. 250 000 francs sont ainsi récupérés après avoir été enterrés dans le jardin de la tante de l'attaquant Christophe Robert (Catherine Erhel, « VA-OM : 8 mois ferme contre Tapie. La cour d'appel de Douai est allée au-delà des réquisitions à l'encontre du député », *Libération*, 29 novembre 1995). Tapie passera 175 jours en détention.

Tapie n'était en réalité que de papier. Un château de cartes destiné à s'écrouler.

Cette instruction révèle notamment la présence dans les circuits européens et mondiaux d'intermédiaires fort sulfureux, à l'image du Croate Ljubomir Barin, surnommé Sacoche noire, qui parle sept langues et se promène toujours avec une petite sacoche dans laquelle il glisse les espèces[1]. Le juge d'instruction du dossier des comptes de l'OM, Pierre Philippon, en multipliant les commissions rogatoires à l'étranger, a pressenti l'existence d'une caisse noire destinée notamment à « attendrir » certains arbitres durant les matchs de coupe d'Europe. Le Grec Spyros Karageorgis est la clé de voûte supposée de cette machine à corrompre. Objet d'un mandat d'arrêt, ce dernier finit par se constituer prisonnier et son cas est disjoint. Il comparaît en janvier 1999 devant la sixième chambre correctionnelle du tribunal de Marseille. L'intermédiaire nie bien entendu toute corruption, même s'il reconnaît avoir décaissé de ses comptes en Suisse la somme astronomique de 26 millions de francs en espèces[2].

L'ancien directeur sportif, Jean-Pierre Bernès, avait pourtant confirmé ces pratiques dans une audition face au juge Philippon : « Bernard Tapie avait appris que le fait d'acheter les matchs se pratiquait depuis plusieurs années en coupe d'Europe et il a voulu faire la même chose. Des gens du football lui ont dit : “Si tu ne fais

1. À ce sujet, lire Jean-Michel Verne, *Vingt milliards sous l'OM*, Plein Sud, 1995.

2. Hervé Gattegno, « Les propos apeurés d'un ancien intermédiaire de l'OM », *Le Monde*, 20 janvier 1999.

pas ça, tu ne gagneras rien[1]." » Bernès n'est pas le seul à évoquer ces faits, confirmés par Marc Fratani, ex-attaché parlementaire, lieutenant et bras droit de Tapie dans les colonnes du *Monde*[2]. De son côté, Tapie contestera vivement ces accusations dans un droit de réponse. Comme tous ces faits de corruption présumée d'arbitres ne seront jamais prouvés, l'homme d'affaires bénéficiera *in fine* d'une peine relativement clémente dans l'affaire des comptes de l'OM[3].

***

Le dossier marque surtout l'entrée en scène de personnages obscurs autour de l'OM, des membres du grand banditisme local particulièrement émoustillés à l'idée de graviter dans l'entourage des joueurs et des entraîneurs. Est ainsi mise sur le devant de la scène une figure connue jusqu'alors surtout pour ses talents de footballeur : le remuant Rolland Courbis. Ce dernier se retrouve au cœur de malversations financières touchant le Sporting Club de Toulon dont il est l'entraîneur

1. Citation reprise d'un précédent ouvrage de l'auteur, *Vingt milliards sous l'OM*, *op. cit.*, p. 247.

2. Ariane Chemin et Laurent Telo, « Matchs achetés et psychotropes », *Le Monde*, 3 mars 2019.

3. Le 4 juin 1998, la cinquième chambre correctionnelle de la cour d'appel d'Aix-en-Provence condamne Bernard Tapie à trois ans de prison avec sursis et 300 000 francs d'amende. Dix-huit mois de prison ferme lui avaient été infligés en première instance, ce qui le plaçait sous la menace d'un retour en détention. L'enquête menée par la police autour de l'affaire de l'arbitrage du Lyonnais laisse entrevoir des soupçons d'intervention auprès de la cour de Pierre Estoup, l'un des arbitres, par ailleurs ancien magistrat... (Fabrice Lhomme et Gérard Davet, « Affaire Tapie : les enquêteurs ouvrent le front des comptes de l'OM », *Le Monde*, 20 juin 2013).

depuis 1986. L'enquête conduit les policiers, qui suivent les traces d'un intermédiaire, le dénommé Di Francia, à s'intéresser directement aux comptes de l'Olympique de Marseille[1].

Courbis n'est pas un simple entraîneur ; il cumule des activités d'agent de joueurs, qui l'amènent à opérer de nombreux transferts entre Toulon et Marseille durant l'ère Tapie. Mais l'histoire ne fait que commencer. Rolland Courbis est un personnage de roman. Il défraie la chronique à la fin des années 1980 pour son implication dans une affaire de baronnage du côté de Nice. Il se trouve qu'il a gagné beaucoup trop d'argent – les enquêteurs en sont convaincus –, notamment au cours de parties au Palm Beach de Cannes[2]. Sa romance explosive avec la sémillante comtesse Maria Luisa Rizzoli, veuve d'un magnat de la presse italienne, est conforme au personnage gouailleur, souvent drôle, et grande gueule. Courbis est un séducteur flambeur, mais pas seulement. Il veut capter la manne financière que peuvent représenter le football et les transferts. Parallèlement, ses relations avec des membres éminents du grand banditisme s'étalent au grand jour. Ces amitiés ont bien failli lui coûter la vie : le 30 mars 1996, à la sortie d'un match de national 3 qui oppose le club d'Hyères au FC Calvi, il est grièvement blessé. Le président du club insulaire,

1. Rolland Courbis est condamné en 1997 à deux ans de prison dont six mois ferme pour fraude fiscale en relation avec la caisse noire du Sporting de Toulon (« Football Courbis condamné à deux ans de prison ferme », *Le Monde*, 5 avril 1997).

2. Rolland est pourtant relaxé (« Dans l'"affaire" du Palm Beach Rolland Courbis relaxé », *Le Monde*, 31 juillet 1994).

Dominique Rutily, qui se trouve à ses côtés, est abattu de plusieurs balles de gros calibre[1]. Rutily est membre du noyau dur du groupe mafieux de la Brise de mer qui s'intéresse de près à l'OM[2]. Ces truands bastiais ont prospéré dans les attaques à main armée et, depuis, diversifient leurs activités. Le football a quelque chose de valorisant. Une façon aussi d'acquérir une forme de notabilité.

Bien que frappé de deux balles, dont l'une dans l'abdomen, Courbis, victime collatérale, a décidément la baraka. Tiré d'affaire, il poursuit tout à la fois sa carrière sportive et ses activités d'agent. Globe-trotter du foot, l'homme écume plusieurs clubs français dont l'OM, Montpellier, Bordeaux ou Ajaccio avec des succès reconnus, même s'il n'a jamais gagné de titres majeurs. Il exerce ses talents à l'étranger, notamment aux Émirats arabes unis ou en Russie. Mais c'est le poste d'entraîneur qu'il a occupé entre 1997 et 1999 à la tête de l'Olympique de Marseille, sous l'ère de Robert Louis-Dreyfus, qui passionne policiers et juges, accrochés à ses basques depuis le début des années 2000. Ces derniers enquêtent sur le versement de 22 millions d'euros de commissions douteuses lors de 15 transferts opérés durant la période où il fut entraîneur[3]. Ce ne sont pas les seuls à s'intéresser à lui : les enquêteurs de la

1. «Les liens troublants de l'OM avec la Brise de mer», *L'Équipe*, 26 mai 2021.
2. Jacques Follorou et Vincent Nouzille, *Les Parrains corses*, *op. cit.*, p. 365.
3. Karim Nedjari, «L'affaire des comptes de l'OM», *Le Parisien*, 10 août 2005.

brigade des stupéfiants de la PJ de Marseille s'interrogent sur les relations de Courbis avec certains membres du grand banditisme dans le dossier Topaze, qui implique le clan varois des frères Perletto, Pascal et Franck[1]. Pascal est plutôt l'homme d'affaires de l'équipe, le comptable. Quant à Franck, décrit par les policiers comme incontrôlable, il est considéré comme l'exécutant des basses œuvres. Preuve de sa détermination, il s'évade en hélicoptère de la prison de Luynes en avril 2003 avant d'être repris[2]. Dominant la région varoise, les deux frères seraient directement connectés aux affaires de Francis le Belge, caïd emblématique de Marseille et de toute la région. La prospérité de leur petit empire les a conduits à faire des investissements dans des activités diverses et légales, notamment en Roumanie. Les investigations amènent les enquêteurs à s'intéresser aux relations qu'entretient Pascal Perletto avec le football, et notamment les dirigeants de l'OM. L'interrogatoire de Rolland Courbis s'avère ainsi particulièrement instructif sur l'entrisme du milieu dans le football, qui inquiète et interpelle :

> J'ai connu Pascal Perletto à Toulon à l'époque. J'ai fini ma carrière de joueur et entamé celle d'entraîneur entre 1982 et 1991. Pour moi, c'était une figure marquante du sport à Toulon, tant pour le rugby que pour le football, à l'instar d'Herrero par exemple.
>
> À l'été 1997, je suis de retour comme entraîneur à Marseille. Là, j'ai été de nouveau en contact avec Pascal

1. Voir chapitre 3.
2. « Franck Perletto refuse d'être jugé à Marseille au procès d'un réseau d'importation de drogue », *Le Monde*, 18 mai 2003.

Perletto, mais je ne me souviens pas dans quelles circonstances. En parlant de recrutement pour l'OM, notre club était intéressé par deux Roumains. Pascal m'a indiqué qu'il connaissait bien le président du Steaua Bucarest, Marcel Puskas. J'ai été très intéressé et, lors de nos démarches à Bucarest, Pascal a été présent à au moins un rendez-vous avec les dirigeants du Steaua. Effectivement, il connaissait très bien M. Puskas. Par la suite, Pascal et moi avons convenu verbalement que s'il repérait un joueur intéressant à l'étranger, il pouvait me contacter. J'avais confiance dans ses jugements[1].

Si l'on résume, l'entraîneur de l'un des plus grands clubs français fait « confiance » pour son recrutement au chef de l'un des clans mafieux les plus puissants du Sud-Est... Il apparaît donc que Courbis sert d'interface entre le milieu et les dirigeants de l'OM. Le club est alors présidé par Jean-Michel Roussier qui, lui-même interrogé, reconnaît l'intrusion de Pascal Perletto dans les affaires du club à l'occasion d'un voyage à Bucarest destiné à « permettre l'acquisition des droits fédératifs d'un joueur roumain[2] ».

Par ailleurs – et toujours par l'entremise de Courbis –, des pourparlers sont entrepris avec le richissime Robert Louis-Dreyfus en vue du rachat du Sporting Club de Toulon. L'arrestation de Pascal Perletto dans le fameux dossier Topaze aurait toutefois gelé le projet[3]. Rolland Courbis explique :

1. Procès-verbal d'interrogatoire, 19 juin 1998, 1998/000950.
2. Audition de Jean-Michel Roussier, 14 juin 1999, 2783.
3. Voir chapitre 3.

> J'ai présenté Perletto à M. Dreyfus et à M. Roussier. Par la suite, nous avons eu plusieurs réunions. Cependant, l'arrestation de Pascal Perletto n'a pas arrangé les choses. De plus, je crois que, quelque temps auparavant, M. Dreyfus avait eu des échos provenant de Toulon lui indiquant que derrière ce projet se trouvaient mes traditionnelles mauvaises fréquentations. Il y a deux ans également, certains avaient déconseillé à M. Dreyfus de me prendre comme entraîneur pour la même raison. J'ai malheureusement cette mauvaise réputation due à ma profession, mes origines et mon parcours professionnel en grande partie dans le Sud[1].

Avant de clore cette audition, Rolland Courbis admet qu'il connaît Francis le Belge : « J'ai déjà rencontré Francis le Belge à la sortie du stade de Toulon. » Pour une fois, il fait dans la sobriété.

Reste à mieux comprendre la proximité entre les gens du milieu et le football, l'OM en particulier. L'écrivain et journaliste François Thomazeau a longtemps assuré la chronique sportive pour l'agence Reuter. Le club marseillais faisait partie de son quotidien. Il a vu débarquer avec une certaine « réserve » Robert Louis-Dreyfus à la tête du club. Il estime que le milliardaire, qui a beaucoup profité de l'affaire du Lyonnais en rachetant Adidas, au détriment de Bernard Tapie, a par la suite fait l'acquisition de l'OM un peu comme on achète une « danseuse ». « Le foot lui donnait des frissons et les voyous, encore davantage. Ça le sortait de son univers habituel un peu ennuyeux[2] », raconte le témoin, qui

1. *Ibid*, audition Courbis, note 261.
2. Entretien avec l'auteur, 21 février 2021.

évoque aussi de grandes parties de cartes à Paris dans un célèbre café du boulevard Pereire. On pouvait y croiser le gratin du milieu marseillais, notamment un vrai caïd : Roland Cassone. « Tout le monde le sait, Cassone s'est occupé, à la demande de Dreyfus, des groupes de supporters un peu trop turbulents et exigeants. Il leur a dit : "Il faut vous calmer. Sinon vous allez avoir affaire à de vrais méchants." Et ils se sont calmés... » Si Dreyfus est excité par les voyous, les truands, eux sont excités par l'OM et les grandes soirées dans les loges du Vélodrome. Il faut bien constater qu'aujourd'hui, sur ce point, rien n'a vraiment changé.

Et pendant ce temps-là, Courbis gagne beaucoup d'argent. « Quasiment tous les transferts passent par lui. À l'époque, l'argent sort en quantité des caisses du club *via* le système des droits à l'image. On utilise des prête-noms, des sociétés off-shore, ce qui permet le versement de rétrocommissions sur les transferts[1]. » Mais tout cela ne plaît guère à la justice. La sanction ne tarde pas à tomber : en juin 2006, Robert Louis-Dreyfus et Rolland Courbis sont lourdement condamnés pour quinze transferts douteux intervenus entre 1997 et 1999, ainsi que des intermédiaires, dont le Marseillais Gilbert Sau, très présent sur les terres helvétiques[2].

1. *Ibid.*
2. « Robert Louis-Dreyfus et Rolland Courbis sévèrement condamnés », *Le Monde*, 10 juin 2006.

Les boss entrent dans la partie

La mafia demeure au centre du terrain. Au début des années 2000, la PJ considère Jean-Luc Barresi comme le grand boss du milieu local, aux côtés de Michel Campanella et de Roland Cassone. Par ailleurs grand amateur de ce sport, il ne tarde pas à jouer un rôle essentiel dans tous les circuits du football business. «Sa spécialité est de repérer très vite les jeunes “bankables” au niveau cadet, de leur faire signer rapidement un contrat qui va les lier à vie à ce premier agent et permettre à ce dernier de “toucher” par la suite des commissions à chaque transfert au niveau professionnel», explique encore François Thomazeau. Il y voit une forme de racket envers des joueurs «protégés» à vie par de très collants «parrains». «Tout le monde savait que Barresi et Gilbert Sau avaient un bureau à demeure à l'Olympique de Marseille», souligne notre témoin. Barresi, qui possède une licence d'agent en bonne et due forme, entend jouer un rôle important dans les transactions, un exercice dans lequel il excelle. De nombreux dirigeants de l'OM le considèrent d'ailleurs comme «un bon agent»[1].

L'ancien magistrat Étienne Ceccaldi, tour à tour président délégué et directeur général du club entre 2001 et 2002, a eu affaire à Barresi durant son passage à l'OM. Il confirme l'anecdote du bureau : «C'est l'époque où Tapie fait un court retour à l'OM et moi je suis chargé

1. À ce sujet, lire Jean-Michel Verne, *OM. Enquête sur le club qui rend fou*, Paris, Solar, 2017.

de remettre de l'ordre après la période Courbis. Je constate que Sau et Barresi ont un bureau à demeure, au siège de la rue Negresco. Le duo fait signer les contrats à la chaîne puis se dirige directement à la comptabilité pour percevoir les commissions. Je mets un terme à ce petit manège en priant ces agents de s'installer ailleurs[1].» Étienne Ceccaldi relève, dès son arrivée, une série d'anomalies comptables dans certains transferts. Il dépose une série de plaintes dont il s'étonne qu'elles n'aient pas prospéré au niveau du palais de justice... Surprenant, en effet. «J'ai également constaté que certains joueurs, dont certains de talent, étaient placés dans ce qu'on a appelé le "Loft", c'est-à-dire qu'ils étaient mis au rancart et ne jouaient pas car ils refusaient les conditions de leur transfert dans un autre club. L'un d'entre eux, qui refusait d'être transféré au PSG, m'a clairement confié être l'objet de pressions et de menaces. Plus tard, j'ai appris qu'il avait finalement accepté de partir à Paris. On comprend pourquoi.»

Étienne Ceccaldi, placé dans une situation inconfortable, évoque d'ailleurs un épisode singulier peu avant son départ du club : la convocation de Robert Louis-Dreyfus par Rolland Cassone, dont on dit qu'il dort avec son gilet pare-balles : «L'agent de joueurs, Jean-Christophe Cano, par ailleurs très proche du fils de Roland Cassone, est venu le chercher à l'aéroport de Cannes pour le conduire en voiture à Simiane, dans la villa de Cassone[2].» Pour l'ancien magistrat, il n'y a

1. Entretien avec l'auteur, 25 février 2021.

2. Damien Delseny, «Le parrain sous les verrous», *Le Parisien*, 3 décembre 2007.

guère de doute : l'entretien entre le boss du milieu et le boss de l'OM a été consacré à sa mise à l'écart de la direction du club. Selon lui, il était devenu, comment dire, trop encombrant. Notre interlocuteur contredit ainsi l'idée que cette rencontre entre Dreyfus et Cassone ait été consacrée à la gestion des supporters, comme cela a été largement raconté par les médias.

On retrouve Jean-Christophe Cano à l'occasion d'une enquête qui n'a rien à voir *a priori* avec le football : le racket de plusieurs établissements de nuit aixois entre 2005 et 2012. L'affaire, nommée « Calisson », sans doute en référence à cette délicieuse spécialité aixoise, met en scène le clan corse Federici qui étend, nous l'avons vu, son influence sur la zone d'Aix-en-Provence[1]. L'un des mis en cause, Christophe D. – présenté par la justice comme le collecteur de fonds du clan, qui se rend fréquemment en Corse pour remettre l'argent extorqué[2] lors du racket des établissements aixois –, est aussi l'agent officieux d'André-Pierre Gignac, alors joueur de Toulouse. D. affirme aux policiers qu'il a été l'objet de pressions lors du transfert de l'attaquant de Toulouse vers l'OM en août 2010. Il aurait reçu, dit-il, la visite d'un certain Jeannot, lui enjoignant de ne plus travailler avec l'agent Michaël Morris, auquel Jean-Christophe Cano et lui-même sont liés, mais de traiter dorénavant avec Jean-Luc Barresi[3].

Parti des bas-fonds d'Aix-en-Provence, le dossier

1. Voir *supra*, chapitre 3, p. 101.
2. Ordonnance de requalification, de renvoi et de non-lieu partiel du juge Christophe Perruaux, cote 011157.
3. *Ibid.*

mène progressivement la justice vers l'Olympique de Marseille, où les magistrats soupçonnent qu'un système de surfacturation a été mis en place autour des transferts de dix-huit joueurs durant la période où Pape Diouf et Jean-Claude Dassier se sont succédé, entre 2005 et 2011, à la direction du club. C'est désormais Margarita Louis-Dreyfus qui tient les cordons de la bourse, depuis le décès de son mari en 2009. Pour les magistrats de la Jirs, le lien entre les deux dossiers – du racket et des transferts – semble évident, notamment au vu des investigations menées par la Division économique et financière. Dans un rapport daté de juillet 2011, les policiers de la PJ rappellent que l'affaire remonte à l'assassinat, le 19 novembre 2009, à Calenzana d'un certain Jacques Buttafoghi, en lien avec le racket opéré sur différents établissements aixois. Les écoutes démontrent que Buttafoghi, connu comme le flingueur patenté du clan Federici, est en relation avec Christophe D., qui cumule les activités de tenancier de boîte de nuit et d'agent de joueurs officieux pour les clubs de Marseille, Bastia et Évian-Thonon. Le rapport est très explicite sur la connexion entre le milieu corso-marseillais et le foot par l'intermédiaire de Christophe D., par ailleurs étroitement lié à Jean-Christophe Cano qui possède, lui, une licence d'agent quand D. n'en a pas. Cano et D. sont par ailleurs, nous l'avons évoqué, sous la coupe d'un agent de premier rang, Michaël Morris. Le rapport note : « Différentes conversations entre Christophe D. et Jean-Christophe Cano mettaient en exergue des pressions exercées sur D. dans le but de toucher Cano. Ces conversations intervenaient suite à différents rendez-vous qu'avait Christophe [Jean-Christophe, *sic*] D. avec des membres connus du banditisme corso-marseillais[1]. » L'enquête révèle également que Cano, qui réalise finalement le fameux transfert de Gignac de Toulouse vers Marseille pour 20 millions d'euros, est un correspondant de premier plan pour le recrutement de joueurs à l'OM. Il est fort proche de Roland Cassone, lui-même très proche de Jean-Luc Barresi. Il semble donc qu'un conflit ait opposé d'un côté les Corses du clan Federici et de l'autre Barresi-Cassone sur le partage de la commission du transfert de Gignac[2].

***

Un autre personnage apparaît en première ligne de ces relations opaques : José Anigo, un ancien « Minot[3] » devenu directeur sportif de l'OM en 2004 après avoir occupé le poste d'entraîneur. Anigo est particulièrement en tension avec l'entraîneur Didier Deschamps et son mentor Jean-Pierre Bernès qui, malgré ses lourdes condamnations dans les affaires de l'OM sous l'ère Tapie, a rebondi dans une prospère carrière d'agent de joueurs. Anigo a peu ou prou les mêmes relations sulfureuses que Courbis, mais plus rudes, si l'on en juge par

1. PV Division économique et financière, n° 1633/2011, 13 juillet 2011.

2. Dans un témoignage repris dans un précédent ouvrage de l'auteur (*OM. Enquête sur le club qui rend fou*, *op. cit.*), un proche de Jean-Luc Barresi livre à l'auteur une version différente des faits et relate notamment une rencontre à Toulouse entre Barresi et Gignac pour clarifier la situation.

3. L'équipe des « Minots », issue du centre de formation, sauve le club en faillite en 1981 en permettant le maintien de l'OM en D2.

ses déboires avec un certain Richard Deruda, un malfaiteur notoire de la bande Saint-Gabriel qui a des velléités sportives et s'est mis en tête de gérer la carrière de son fils Thomas, footballeur au talent plutôt limité – son père étant bien sûr persuadé du contraire. Le rapport[1] évoque des menaces exercées sur l'entraîneur Jean Fernandez pour placer le fils de Deruda sur la feuille de match, ce qui entraînera en 2006 le départ précipité du coach pour la Bourgogne et l'air plus sain d'Auxerre[2]. Il est également question dans les investigations policières de menaces téléphoniques exercées sur l'agent Jaouad Boukhari et sa famille afin que celui-ci abandonne la gestion de l'un de ses jeunes joueurs, attaquant de Caen[3]. José Anigo n'est pas le seul à craindre les humeurs de Deruda : « Richard Deruda, connu des services de police et de justice, notamment pour des faits de violence avec arme, exerce une forte emprise sur José Anigo et Rolland Courbis, des menaces ayant été proférées. » Bien que très introduit dans le milieu, Courbis, qui officie toujours dans le monde des transferts malgré son implication dans « l'affaire Dreyfus », paraît craindre Deruda au plus haut point.

L'époque semble marquée, on le voit, par un entrisme persistant du banditisme qui, en coulisse, joue un rôle clé dans la gestion de l'OM depuis le milieu des années

1. PV Division économique et financière, *op. cit.*

2. Selon un témoignage recueilli par l'auteur auprès des services de police, Fernandez aurait pris le canon d'un 11,43 dans la bouche comme « argument » convaincant destiné à faire basculer l'entraîneur dans son choix sportif.

3. PV Division économique et financière, *op. cit.*

1990 et l'arrivée à la tête du club de Robert Louis-Dreyfus. Dans un documentaire diffusé en 2019 dans l'émission *Pièces à conviction*, une écoute entre Jean-Pierre Bernès et l'ancien journaliste Charles Villeneuve révèle notamment que les voyous détiendraient sur Dreyfus un « dossier » compromettant qui permettrait de le « tenir »[1]. Un débat s'ouvre alors au sein de la Jirs de Marseille : les uns considèrent qu'il faut conserver une seule et même procédure en liant le dossier de racket aixois aux investigations sur l'OM, les autres, qu'il convient de séparer les deux affaires. La seconde solution est choisie, ce qui fragilise le dossier sur le club. Certes, Jean-Luc Barresi est bien mis en examen pour « blanchiment en bande organisée et association de malfaiteurs » ; une spectaculaire perquisition est opérée en janvier 2013 au siège de l'OM, qui aboutit à la saisie de documents et à la mise en examen de Jean-Claude Dassier, d'Antoine Veyrat[2], directeur général, et de Pape Diouf, prédécesseur de Dassier ; Vincent Labrune, successeur de Dassier, est entendu – mais, lui, ne sera pas inquiété ; et des joueurs de premier plan sont aussi concernés, comme Gabriel Heinze, Mamadou Niang ou l'Espagnol Azpilicueta.

Mais l'opération *mane pulite* s'essouffle, faute d'éléments assez probants. Jean-Luc Barresi bénéficie, fait assez rare, d'une annulation de sa mise en examen par

1. « L'OM et la loi du milieu », pièces à conviction du 1er mai 2019, enquête de Jérôme Pierrat.
2. Jérôme Béglé, « Jean-Claude Dassier mis en examen », *Le Point*, 17 septembre 2015.

les magistrats instructeurs[1]. Jean-Claude Dassier et Antoine Veyrat profitent de la même mesure[2], tout comme Pape Diouf.

Jean-Luc Barresi, l'agent de joueurs qui réside désormais à Dubaï, peut continuer à tirer les ficelles de certains transferts en association avec Karim Aklil, lui aussi dubaïote d'adoption. Car même vêtu du costume d'agent de joueurs, Jean-Luc Barresi ne peut se défaire de celui de boss du milieu marseillais. Il lui faut donc une couverture, alors que s'invite dans les affaires de l'OM un autre parrain du milieu, un certain Michel Campanella.

America first

C'est un jour important pour l'OM, ce 17 décembre 2016. Le cabinet d'avocats parisien Sullivan et Cromwell sabre le champagne : il vient de réussir une opération des plus complexes, le rachat de l'Olympique de Marseille par l'homme d'affaires américain Frank McCourt. Robert Louis-Dreyfus décédé depuis sept ans, sa veuve, la Russe Margarita, était à la manœuvre, et elle n'entendait pas céder le club au premier venu, quand bien même les finances étaient dans le rouge. McCourt, qui a fait fortune dans l'immobilier outre-Atlantique, est surtout connu pour avoir racheté le club

1. « La mise en examen de Jean-Luc Barresi annulée », *Ouest-France*/AFP, 11 mai 2016.
2. « Mises en examen levées pour Jean-Claude Dassier et Antoine Veyrat », AFP, 27 novembre 2018.

de base-ball des Dodgers de Los Angeles pour 430 millions de dollars et l'avoir revendu en 2012 au prix record de 2 milliards, après avoir largement pompé dans les comptes[1], ce qui a provoqué un scandale aux États-Unis. En joueur de Monopoly habile qui achète la rue Lecourbe, puis revend la rue de la Paix, Frank McCourt aime faire des affaires. Reprendre l'OM pour 45 millions d'euros est une belle affaire. Si le prix d'acquisition du club marseillais est relativement modéré, il est difficile de comprendre que l'Américain ait depuis investi près de 300 millions d'euros sans aucun retour sur investissement : McCourt n'a rien d'un bienfaiteur, c'est un homme d'argent qui aime l'argent.

L'Américain suit en réalité un plan méticuleusement préparé : au moment opportun, faire la culbute en cédant le club au plus offrant. C'est cela, désormais, le football, le règne des fonds d'investissement, des oligarques, des émirs enturbannés qui jouent les clubs sur le tapis vert, sans se soucier de leur histoire, des supporters et surtout du sport. Pour notre journaliste François Thomazeau, la stratégie développée par le repreneur est désormais limpide : « Il ne s'agit pas pour McCourt que l'OM flambe et parvienne au sommet en matière de résultats sportifs. Le club deviendrait trop cher à la revente. Non, il faut simplement démontrer que l'OM est un club à forte potentialité en fixant un prix d'achat acceptable, ce qui laisse une marge de profit importante pour le futur acquéreur. » Il n'est pas certain que le

1. Aude Lasjaunias, « À Los Angeles, le (mauvais) souvenir de "l'ordure" Frank McCourt, nouveau propriétaire de l'OM », *Le Monde*, 11 septembre 2016.

supporter marseillais en manque de rêves fous depuis Bernard Tapie ait saisi toutes ces subtilités, d'autant que, au départ, McCourt affichait de réelles ambitions avec son fameux slogan : « *OM champion's project* ».

L'Américain nomme un président froid mais dynamique, Jacques-Henri Eyraud, qui entend nettoyer l'OM du sol au plafond. Vaste programme. Un ancien colonel de gendarmerie est ainsi choisi pour assurer la sécurité et dompter les supporters. Les premières années du règne d'Eyraud sont plutôt encourageantes, avec une qualification en finale de la Ligue Europa. Mais très vite, les observateurs notent que l'OM, faute de moyens, est incapable de rivaliser avec un club comme le PSG ou les grosses écuries européennes comme le Real, Barcelone ou Manchester City. Alors Marseille recrute, mais pas trop, gagne, mais pas trop, ce qui éclaire des zones d'ombre, tel ce parcours fantomatique de la saison 2020-2021 où le club qualifié en Champions League n'y fait que de la figuration en ne remportant qu'une rencontre contre le modeste club grec d'Olympiakos. En février 2021, les supporters finissent par avoir la peau du rigide Jacques-Henri Eyraud, remplacé sur-le-champ par l'Espagnol Pablo Longoria à la suite de la spectaculaire attaque des installations de la Commanderie[1]. Officiellement, Eyraud demeure au conseil d'administration mais n'a plus grand pouvoir, comme le constate un journaliste habitué des entraînements : « Eyraud, c'est François Hollande, c'est le type

1. Ce domaine, situé dans le 11e arrondissement, abrite le siège du club et le centre d'entraînement.

qui fait croire qu'il représente encore quelque chose alors qu'en vérité il n'est plus rien[1].» Eyraud l'incorruptible n'a pas éradiqué les mauvaises fréquentations qui tournent autour du club. On pensait nos voyous bannis des vestiaires depuis le départ de José Anigo, mais, en réalité, le milieu ne lâche jamais les opportunités et profite de la moindre ouverture.

Et revoilà donc José Anigo que l'on croyait définitivement parti de Marseille depuis l'assassinat de son fils Adrien, abattu au volant de sa Twingo dans les quartiers nord en 2013[2]. Un an plus tard, en effet, le père quittait l'OM et vivait, disait-on, au Maroc où il poursuivait son business dans le football. Mais c'était mal connaître Anigo, qui n'aurait jamais cessé de penser à venger la mort de son fils. C'est tout du moins ce qui ressort de l'enquête menée à l'été 2020 par la PJ de Marseille, qui cible un certain Michel Campanella. Ce dernier est considéré comme l'un des parrains du milieu local, aux côtés du clan Barresi avec son frère Gérald. Tous deux sont originaires des mêmes cités des quartiers nord. En l'espace de vingt ans, ils ont bâti un petit empire avec le produit supposé du racket qui touche une multitude de commerces, dont plusieurs établissements branchés du Vieux-Port, de l'Opéra, ou du boulevard Rabatau. Considéré par la police comme une entreprise mafieuse, le clan Campanella s'illustre pêle-mêle dans des activités «propres» – une société de BTP, des restaurants, divers commerces, dont un garage – et d'autres bien

1. Entretien avec l'auteur, février 2022.
2. Clément Daniel, «Qui était Adrien Anigo, le fils assassiné du directeur sportif de l'OM ?», *L'Express*, 5 septembre 2013.

moins louables, comme le trafic d'armes, le racket à grande échelle, voire le trafic de drogue selon certaines rumeurs. Les frères sont donc particulièrement dans le viseur des policiers : « Nous nous sommes intéressés à une équipe de jeunes installée en bord de mer, à l'Escale Borély, qui avait pour mission de récupérer l'argent du racket auprès des commerçants pour le compte des Campanella. À l'occasion des écoutes, l'une d'elles nous a permis de sortir une autre affaire qui touchait l'OM[1] », explique un enquêteur qui suit le dossier.

Les policiers découvrent en effet que les jeunes *sicarios*[2] sont en contact avec un certain José Anigo dans une affaire de transfert à Lille d'un jeune talent, Isaac Lihadji. Ce dernier, formé à l'OM, est âgé d'à peine 18 ans. Les supporters grognent de voir partir la prometteuse pépite. Christian Bandikian, patron d'une célèbre boîte de nuit aixoise, le Mistral, est proche du joueur, dont il est en quelque sorte le parrain. Il expliquera aux policiers avoir fait l'objet de pressions de la part de José Anigo et de Jean-Luc Barresi pour récupérer une partie de la commission perçue sur ce transfert, estimée à 1,5 million d'euros[3]. Dans la logique de l'enquête, la somme sur laquelle Anigo veut ainsi mettre la main est censée rémunérer la bande de l'Escale Borély, elle-même chargée de venger par le sang le meurtre de son fils Adrien… Le « contrat » tourne court grâce à l'intervention policière.

1. Entretien avec l'auteur, février 2022.
2. Terme qui désigne les tueurs des célèbres cartels colombiens.
3. Julien Bialot, « Transfert de Lihadji : c'est le Bronx à Marseille », So foot.com, 4 décembre 2020.

Effrayé par la tournure prise par cette histoire, Bandikian fait appel à son protecteur, Michel Campanella, pour le sortir de ce guêpier[1]. Pour les policiers, cette affaire est une aubaine, car les écoutes permettent de reconstituer tout le système de racket supposé du clan Campanella, lequel s'écroule, d'Aubagne à Aix-en-Provence, en passant évidemment par Marseille, la clé de voûte. Quant à Jean-Luc Barresi, il est fort embarrassé par la saisie d'une somme de 280 000 euros en espèces retrouvée dans sa voiture sur la commune de Simiane. Incarcéré durant plusieurs mois, l'agent est finalement libéré mais astreint à résidence dans les Bouches-du-Rhône. Il ne quitte que rarement son domicile de Simiane, ce qui paralyse de fait ses activités, d'autant que Barresi a bien des difficultés à justifier l'existence de cette somme en liquide. Il évoque le remboursement d'un « prêt », ce qui est peu crédible. Ne s'agit-il pas plutôt d'une fraction de la commission du transfert Lihadji ? En tout cas, selon certaines sources, toute cette histoire assez bancale semble s'être nouée autour d'une partie de cartes dans un restaurant du 8e arrondissement…

La chance vient une nouvelle fois au secours de Barresi. Un an plus tard, en effet, Bandikian revient sur ses accusations. Sans spéculer sur le caractère « spontané » ou non de ces rétractations, il est clair que Barresi tentera de s'en sortir en s'appuyant sur ce rebondissement[2]. Il n'en demeure pas moins une grande

1. *Ibid.*
2. Le jugement est toujours en cours (mars 2022).

satisfaction pour la justice marseillaise qui tient, enfin, celui qui lui glisse entre les doigts depuis une dizaine d'années, malgré sa condamnation au demeurant assez modérée dans le dossier Goubert[1].

***

L'autre gros poisson tombé dans les filets est à n'en pas douter Michel Campanella, qui paraissait pourtant « protégé », avec son frère, depuis des années des intrusions judiciaires. Ils affichent un trésor de guerre particulièrement voyant, dont une célèbre pizzeria du quartier de Saint-Giniez, dans laquelle s'engouffrent régulièrement hommes politiques, entrepreneurs et des personnages bien connus des services de police, comme le roi des jeux en Afrique, l'intouchable Michel Tomi[2]. Les invités des loges du Vélodrome ont coutume de passer leur fin de soirée dans ce restaurant, rendez-vous tant des aficionados de l'OM que de la bonne bourgeoisie locale. À vrai dire, la pizza y est délicieuse. Mais tous ces biens sont désormais menacés de saisie par l'Agrasc.

Au cours de leur enquête, les policiers vont également apprendre que Michel Campanella et sa société MGC (pour Michel et Gérald Campanella) ont apparemment obtenu un marché de terrassement à la Commanderie. L'entreprise apparaît encore dans les

1. Voir chapitre 4.

2. Brendan Kemmet, « Michel Campanella, la chute du dernier parrain », Paris Match.fr, 1er août 2020 ; Violette Lazard, « "S'il veut que je l'étrangle, je l'étrangle." À la table de Michel Campanella, dernier parrain de Marseille », *L'Obs*, 13 décembre 2020.

investigations menées dans le cadre de l'affaire portant sur différents marchés publics et impliquant l'ancien président du conseil général Jean-Noël Guérini et son frère Alexandre[1].

Il semble évident qu'un changement de règne s'opère désormais à Marseille. Fini le temps des protections politiques, de la justice parfois trop passive ou attentiste. Une page se tourne, lentement, et la ville pourra peut-être un jour, enfin, se défaire de l'emprise mafieuse qui entache tant l'image de Marseille.

1. *Ibid.*

Épilogue

Transhumance

On a peine à le croire, mais l'une des explications du fort mystérieux attachement d'Emmanuel Macron à Marseille est une jeune quadra souriante peu connue des médias. Sabrina Roubache devient en quelques années la «Madame Marseille» du couple Macron. L'une des clés de ce rapprochement entre la gamine douée et accrocheuse de la cité Félix-Pyat et l'ancien conseiller de la banque Rothschild n'est autre que Brigitte Macron. La rencontre remonte à 2016, quand celui qui était à peine connu effectue son premier déplacement de candidat à la présidentielle. Très vite, le courant passe entre Sabrina et le futur couple présidentiel, une sorte de choc des cultures qui confirme le bon proverbe selon lequel les extrêmes s'attirent. Car, en effet, tout les différencie.

La jeune femme, à la spontanéité parfois désarmante, lui prodigue avec culot quelques conseils, notamment sur le choix de la musique du groupe de rap IAM lors du meeting, car pour le reste, elle le reconnaît elle-même, elle ne comprend pas grand-chose à la politique. L'amie a une qualité essentielle : elle connaît bien Marseille, des bas-fonds des quartiers nord aux balcons huppés de la Corniche. De surcroît, Sabrina est très sympathique. Il fallait un relais marseillais privilégié, Brigitte et Emmanuel l'ont trouvé dans cette terre un peu maudite où les politiques locaux ont tendance à s'essouffler, à l'image d'un Jean-Claude Gaudin à la recherche d'une issue après vingt-cinq années d'un règne controversé. Macron lui offre une porte de sortie honorable. Pourquoi ne pas le laisser reprendre le flambeau ? Personne n'aura oublié le rapprochement entre les deux hommes sur la fin du mandat Gaudin.

Tout ne serait donc au départ qu'une affaire de hasard et d'opportunité, une belle histoire de Cendrillon pour cette Sabrina qui, avec son instinct de battante, perçoit très vite les potentialités de l'énarque lancé à l'assaut de l'Élysée. Et comme Sabrina croit en Macron, Macron croit en Sabrina. Dans cette ambiance de conte de fées, la petite impressionnée se transforme en référente incontournable à Marseille. Chef d'entreprise opportuniste, ce qui n'est pas pour déplaire au président, la jeune femme a fait son trou dans la production audiovisuelle. Elle supervise notamment une série sur Marseille diffusée sur Netflix, avec Gérard Depardieu dans le rôle-titre[1]. Depuis, toutes les portes s'ouvrent pour celle dont on comprend dans son autobiographie[2] qu'elle a aussi bénéficié de l'appui de l'un des grands notables de la ville, Marc Pietri. À Marseille, il y a souvent une

1. Cette série diversement appréciée est diffusée en deux saisons sur un scénario de Dan Franck entre 2016 et 2018. Netflix renoncera à la troisième saison.

2. Sabrina Agresti-Roubache, *Moi la France, je la kiffe !*, Paris, Albin Michel, 2022.

grande famille derrière une réussite. Car sans argent, que peut-on faire ? Marc Pietri est le promoteur marseillais qui a réussi à Miami, Paris, et bien sûr dans la cité phocéenne, le PDG du groupe Constructa à qui l'on doit notamment la tour La Marseillaise dessinée par l'architecte Jean Nouvel. Marc Pietri décédé, l'amie poursuit son ascension.

À l'image du couple Macron, il y a aussi un couple Roubache, le mari de Sabrina n'étant autre que Jean-Philippe Agresti, actuel doyen du rectorat de Corse après avoir occupé les mêmes fonctions à la tête de la faculté de droit d'Aix-en-Provence. On murmure qu'Emmanuel Macron ne serait pas étranger à cette promotion destinée à faire oublier des désillusions aux municipales[1]. Signe de cette étroite proximité, on note la présence du couple Agresti-Roubache à la brasserie la Rotonde lors de la victoire à la présidentielle de 2017. Ils sont également au pied de la Pyramide du Louvre pour le discours d'investiture. Deux couples qui se sont bien trouvés décidément, à tel point que Sabrina devient la confidente de Brigitte, ou Brigitte de Sabrina, on ne sait plus. Les deux femmes peuvent s'appeler plusieurs fois par jour. Il se dit que la première dame de France a ouvert à son amie les portes des éditeurs parisiens. La fille des quartiers nord a définitivement opéré sa mue en 2021, à l'occasion des élections régionales. Fini la naïveté des premiers contacts, Sabrina est celle qui murmure à l'oreille de Macron. Et le président l'écoute.

1. Évincé de l'investiture LREM pour les municipales, Jean-Philippe Agresti rejoint Martine Vassal comme tête de liste dans les 4e et 5e arrondissements, mais ne sera pas élu.

Attentivement. C'est ainsi Sabrina qui a conduit, sous la houlette de l'Élysée, le rapprochement avec le LR Renaud Muselier, si l'on en croit les confessions de celle-ci. Elle mène les discussions, négocie les noms sur la liste et permet, grâce à ses contacts, un ralliement de la gauche au deuxième tour qui était loin d'être acquis. Elle a été, semble-t-il, l'une des chevilles ouvrières de la large victoire contre le RN Thierry Mariani[1]. D'autres sources relativisent cette influence décisive dans les négociations.

***

Il n'en demeure pas moins que la rigolote Sabrina apparaît comme le chaînon manquant qui permet de comprendre la brusque appétence du président pour la cité phocéenne. Mais ce n'est pas la seule explication. Emmanuel Macron estime – et il le clame haut et fort – que la ville représente un formidable potentiel de développement pour devenir, à terme, la capitale de la Méditerranée. Cette prophétie reste à démontrer, tant les fractures de la métropole sont béantes, les inégalités, criantes et la volonté des politiques locaux, anémiée.

La précieuse copine est encore à la manœuvre quand, en septembre 2021, elle organise la visite du président à Marseille, dans un contexte marqué par cet été torride des quartiers nord où les jeunes dealers tombent comme des mouches. Macron prend en main ce qui est désormais son territoire. Devenue conseillère régionale – sa

1. Sabrina Agresti-Roubache, *Moi la France, je la kiffe !*, *op. cit.*

présence sur la liste Muselier a été l'un des éléments de la négociation, si l'on en croit ses écrits[1] –, la productrice est comme un métronome de Marseille, un relais plus que privilégié de la remontée de précieuses informations vers Paris. Elle sert d'intermédiaire avec le tissu associatif et d'autres élus comme l'adjointe Samia Ghali, l'incontournable des quartiers nord dont on remarque la présence aux côtés du président lors de la visite de la cité Bassens.

Cette proximité entre tous ces acteurs, la malheureuse Sophie Cluzel en a fait la cruelle expérience lors des régionales. Initialement désignée tête de liste En marche en région Paca, la secrétaire d'État chargée des personnes handicapées a été contrainte de battre en retraite après que Jean Castex lui a coupé l'herbe sous le pied en annonçant, par voie de presse, un rapprochement avec Renaud Muselier, sans manifestement consulter l'intéressée[2]… « La pauvre a débarqué à Marseille comme un chien dans un jeu de quilles. Elle ne connaissait pratiquement personne. Conduire une liste dans ces conditions semblait mission impossible. On l'a envoyée au casse-pipe[3] », commente l'un des rares contacts de la candidate à Marseille. Sophie Cluzel tente alors durant quelques jours de résister en maintenant sa liste *mordicus*. Le 7 mai, elle annonce en effet : « Je serai la

1. *Ibid.*
2. Sarah Paillou, « Jean Castex dit oui à Renaud Muselier pour une candidature commune LREM-LR dans la région Paca », *JDD*, 1er mai 2021.
3. Entretien avec l'auteur, janvier 2022.

candidate de la majorité présidentielle[1].» Et une semaine plus tard, elle baisse les bras, annonce son retrait, à la grande satisfaction de Sabrina, de Renaud Muselier et de tous ceux qui ont depuis longtemps préparé le terrain dans le dos de l'infortunée Sophie Cluzel.

On ignore si la discussion s'est réellement déroulée en des termes aussi triviaux, mais la liste était bel et bien mort-née, ne serait-ce qu'au vu des résultats désastreux des municipales un an plus tôt. Et cela, l'Élysée et Matignon le savaient. Sophie Cluzel aura fait l'amère expérience de la politique sur le terrain dans le Sud avant de regagner la quiétude de son ministère. Cependant, contrairement à ce qu'a affirmé, un peu trop confiant, Jean Castex, ni Sophie Cluzel, ni des élus LREM ne figurent sur la liste Muselier en échange du retrait. Muselier tient bon, de peur de perdre l'investiture LR, un parti qu'il quittera finalement en novembre 2021.

***

En quête d'un ancrage local, Emmanuel Macron a désormais compris que Marseille était une terre d'accueil favorable du fait de sa dépendance avec l'État. Il a également compris que, plus loin, le Sud-Est, de Marseille à Nice, est un territoire à conquérir, devant la déconstruction qu'il a lui-même programmée de la maison LR. Alors, subitement, tous les feux commencent à

1. «Régionales 2021 : en Paca, Sophie Cluzel, "candidate de la majorité présidentielle"», *La Croix*/AFP, 7 mars 2021.

virer au vert avec les ralliements successifs de caciques locaux marseillais – Renaud Muselier, Lionel Royer-Perreaut, Bruno Gilles, Martine Vassal –, toulonnais – Hubert Falco – ou niçois – Estrosi. Ne restent finalement qu'Éric Ciotti et quelques-uns à tenir debout sur la barque d'un parti affaibli qui tangue dangereusement.

Mais de l'autre côté, il n'est pas inutile de rappeler que LREM n'est toujours pas un parti. Certes, le mouvement surfant sur la vague de la présidentielle de 2017 compte quatre députés à Marseille, mais qui les connaît ici ? On les citera pour l'histoire : Saïd Ahamada, Alexandra Louis, Claire Pitollat et Cathy Racon-Bouzon. Il faut fouiller Internet pour trouver les noms. Qu'importe, fin stratège, Emmanuel Macron a manifestement bien préparé son coup marseillais dès ses fameuses vacances à l'été 2017, au lendemain de son élection. Emmanuel et Brigitte prennent leurs quartiers dans la belle villa du préfet de région, implantée sur la Corniche, à quelques mètres de la mer. Ici, c'est le cœur du Marseille friqué, le Roucas-Blanc, avec ses résidences avec piscine hors de prix qui font les délices de people comme Laurent Ruquier ou Kad Merad. C'est ce Marseille riche et arrogant qu'il faut séduire.

Et puis, il y a l'autre Marseille, populaire, bruyant, pauvre, parfois incontrôlable. Pour faire peuple, le président enfile sous les caméras, durant cet été marseillais, un survêt de l'OM, son « club préféré », dit-il. Mais on sent clairement que ce footing sur la Corniche est méticuleusement préparé, rien n'est gratuit et vraiment spontané chez Emmanuel Macron. Ces vacances auront beaucoup interpellé. On se souvient d'ailleurs de certains titres d'une presse dubitative, à l'image de *Ouest-France* : « Emmanuel Macron en vacances à Marseille. Mais que fait-il ici[1] ? » Oui, que fait-il ici ? Eh bien, cinq ans plus tard, le voile s'est levé, l'arme secrète, Sabrina Roubache, dévoilée, les ambitions, étalées. « C'est un plan en plusieurs étapes, explique une source proche de la majorité présidentielle. La première fut de faire battre Vassal, la deuxième de se rapprocher de Renaud Muselier pour les régionales, la troisième d'établir des accords de liste avec LR pour les départementales qui ont suivi, et enfin de préparer le transfert de personnalités LR vers Horizons, le mouvement d'Édouard Philippe. Pour l'instant, seul Bruno Gilles a répondu à l'appel à Marseille, d'autres transfuges temporisent, mais ils ne peuvent rester indéfiniment dans cette situation. » Il est clair que se prépare ici, dans le Sud, 2027 avec Édouard Philippe en pole position. Entre-temps, Emmanuel Macron a préparé la transhumance.

1. Alexandra Del Peral, *Ouest-France*, 14 août 2017.

Bibliographie

BAZAL, Jean, *Le Clan des Marseillais : des nervis aux caïds, 1900-1988*, Marseille, Jean-Michel Garçon, 1989.

CHARIF, Omar, *Quai du Belge*, Marseille, L'Écailler du Sud, 2001.

DEROGY, Jacques, et PONTAUT, Jean-Marie

– *Enquête sur les mystères de Marseille*, Paris, Robert Laffont, 1984.

– *Enquête sur les ripoux de la côte : de Marseille à Nice*, Paris, Fayard, 1991.

ETCHEGOIN, Marie-France, *Marseille, le roman vrai*, Stock, 2016.

FOLLOROU, Jacques, et NOUZILLE, Vincent, *Les Parrains corses : leur histoire, leurs réseaux, leurs protections*, Paris, Fayard, 2004.

GARCIA, David, *Histoire secrète de l'OM*, Paris, Flammarion, 2013.

HAMEL, Ian, *C'était Bernard Tapie*, Paris, L'Archipel, 2021.

LAVILLE, Alain, *Le Juge Michel : pourquoi est mort celui qui allait révéler les secrets de Marseille*, Paris, Presses de la cité, 1982.

MONNIER, Xavier, *Les Nouveaux Parrains de Marseille*, Paris, Fayard, 2016.

MORIN, Marcel, et MISSEN, François, *La Planète blanche*, Paris, Tsuru Éditions, 1990.
NICOLAÏ, Jean-Baptiste, *Simon Sabiani : un "chef" à Marseille, 1919-1944*, Paris, Olivier Orban, 1991.
PELLETIER, Éric, et PONTAUT, Jean-Marie, *Qui a tué le juge Michel ? Une enquête fascinante dont Marseille est l'héroïne*, Neuilly-sur-Seine, Michel Lafon, 2014.
PERALDI, Michel, et SAMSON, Michel, *Gouverner Marseille*, La Découverte, 2006.
RAFFY, Serge, *Les Enfants de Gaston : la bataille pour Marseille*, Paris, JC Lattès, 1989.
SCHALLER, Angélique, et LERAS, Marc, *Guide du Marseille des faits divers : de l'Antiquité à nos jours*, Paris, Le Cherche-Midi, 2006.
TOURRE, Alain, *Histoire de la police judiciaire de Marseille*, Paris, Mareuil Éditions, 2019.
UNGER, Gérard, *Gaston Defferre*, Paris, Fayard, 2011.
VERGÉ-FRANCESCHI, Michel, *Marseille : histoire et dictionnaire*, Paris, Robert Laffont, 2013.

Remerciements

Merci à Frédéric Guilledoux, Laurent d'Ancona, Thierry Ospital, Christian Méjean, David Galtier, Sonia Fibleuil et à tous ceux qui ont accepté de témoigner dans cet ouvrage.

Table des matières

Ce livre existe grâce au travail de toute une équipe.

Communication : Caroline Babulle, Sandrine Perrier-Replein, Typhaine Maison, Adélaïde Yvert, Inès Paulin.

Coordination éditoriale et administrative : Céline Poiteaux, Martine Rivierre.

Studio : Pascaline Bressan, Barbara Cassouto-Lhenry, Joël Renaudat.

Fabrication : Muriel Le Mérez, Céline Ducournau, Bernadette Cristini, Sophia Paroussoglou, Phousa Chantharath, Isabelle Goulhot.

Correction : Emmanuelle Coppeaux, Valérie Gautheron.

Commercial, relation libraires et marketing : Laetitia Beauvillain, Élise Iwasinta, Morgane Rissel, Perrine Therond, Aurélie Scart, Ombeline Ermeneux.

Cessions de droits : Isabelle Votier, Benita Edzard, Lucile Besse, Sonia Guerreiro, Costanza Corri.

Gestion : Sophie Veisseyre, Chloé Hocquet, Isabelle Déxès, Camille Douin.

Service auteurs : Viviane Ouadenni, Jean-François Rechtman, Catherine Reimbold.

Ressources humaines : Mylène Bourreau.

Juridique : Juliane Charbois, Laëtitia Doré, Anaïs Rebouh, Valérie Robe, Julia Crosnier.

Diffusion : Aurélia Spalacci, Nadine Eugénie, Céline Pitt, Arnaud Weill, Hervé Adamczyk, Annie Bourgade, Éric Charpentier, Gilles Couillard, Sandrine Ducrocq, Élisabeth Ehlinger, Guillaume Loras, Jean-Philippe Pilloux, Philippe Maulnier, Gilles Torché, Élisabeth Gastaldo, Jean-Pierre Stephany (Belgique), Olivier Béguin (Suisse), Emmanuelle Cadot, Virginie Godet et Caroline Pan.

Avec le soutien des équipes d'Interforum et d'Editis qui participent à la création, la diffusion et la distribution de ce livre.

Canoros
Vehit
Canentes

Imprimé en France par CPI
en mai 2022

La photocomposition de cet ouvrage
a été réalisée par
GRAPHIC HAINAUT
30, rue Pierre Mathieu
59410 Anzin

MIXTE
Papier issu de
sources responsables
FSC® C003309
FSC
www.fsc.org

L'éditeur de cet ouvrage s'engage dans une démarche
de certification FSC® qui contribue à la préservation
des forêts pour les générations futures.

Pour en savoir plus :
www.editis.com/engagement-rse/

N° d'édition : 63942/01
N° d'impression : 169107